KB069610

.

한국 교육의
역사적 전개

김대식 저

학지사

머리말

이 책에서는 우리공동체가 고대부터 현재까지 어떤 교육제도와 교육관, 교육방식을 형성하여 왔는지 고찰하려고 한다. 물론 이 과정은 진보만으로 이루어진 것은 아니다. 종종 전보다 후퇴하거나, 좋은 교육을 이루려던 시도가 좌절되기도 하였다. 이런 과정을 포함해 우리공동체가 교육 분야에서 경험한 내용을 하나의 서사로 제시하는 것이 이 책의 목적이다.

'우리공동체'라는 표현이 일종의 민족주의로 이해될 여지도 있다. 그러나 필자가 의미하는 우리공동체는 순전히 혈연으로 연결되거나 유전적 유사성을 가진 이들을 지칭하는 것이 아니다. 필자가 언급하는 우리공동체는 혈연보다는 문화적 개념에 가깝다. 문화적 기반을 공유하는 집단을 잠정적으로 우리공동체로 규정한다. 물론 상고시대로 갈수록 우리공동체가 분화된 모습을 보이기는 한다. 그러나 이 역시 후대의 관점에서 우리공동체의 원류라는 시각을 가지고 서술해 볼 것이다.

또한 우리공동체의 교육경험이라고 해서 우리공동체가 독창적으로 만든 사상이나 제도만을 다루는 것은 아니다. 우리가 만든 교육관이나 제도가 아니더라도, 우리공동체가 적극적으로 수용하거나 영향을 준 외래의 교육사상과 교육제도 역시 포함하여 논의할 것이다. 특히 우리 교육에 중국을 비롯하여 유럽과 일본이 미친 영향도 검토할 것이다. 그렇다고 우리공동체가 생성해 온 교육관과 제도를 순전히 외래의 모방이나 이식으로 보는 것은 아니다.

적어도 우리공동체의 주체적 역할을 인정하는 관점에서 외래 교육 문화를 논의할 것이다.

이 책에서는 1945년 이후부터 현재까지 한국 교육의 변화에 대한 논의 역시 포함하려 한다. 현재 교육의 상황이나 지향을 교육사에서 다루는 것이 부적절하다는 입장도 있다. "적어도 반세기는 지나야 공정한 논의가 가능하다"는 입장이 그것이다. 그러나 필자의 생각은 다르다. 사실의 확인이나 발견은 당대에 진행하는 것이 가장 정확하다는 점에서 당대사 연구도 중요하다. 특히 동시대를 살아가는 역사가가 후대의 역사가보다 정확한 증거나 자료를 확보하는 데 더욱 유리하다는 점도 놓쳐서는 안 된다.

물론 당대를 살고 있는 역사가는 편향성을 갖거나 이해관계에 얽매일 수 있다. 사실 역사가의 이런 편향성은 역사 서술에서 왜곡이나 축소, 은폐 등을 초래할 수 있다는 점에서 심각한 문제를 야기할 수 있다. 그러나 역사가가 현재의 교육에 대해 논의를 중단하거나 보류하는 경우, 현실성을 잃고 과거의 교육에 대한 호고적(好古的) 논의로 치우치게 될 우려가 있다. 적어도 과거의 교육을 현재의 교육과 연결시켜 논의하면서 현재의 교육에 대해 새로운 담론을 만들어 낼 때 교육사를 더 의미 있게 우리공동체에 제시하는 것이라 생각한다. 또한 최근 인류학 분야를 중심으로 연구자의 편향성이나 주관성을 감추고 객관적 시각을 가장하기보다, 연구자의 편향성이나 주관성 자체를 오히려 적극적으로 드러내어 독자의 판단에 맡기는 경향도 나타나고 있다. 이런 방식은 우리 교육사 분야에서도 의미가 있을 것이다.

이 책은 크게 두 부분으로 구성되어 있다. 전반부는 일종의 통

사로서 고대부터 현대에 이르기까지 우리공동체의 교육에 영향
을 미친 사상, 제도, 사건을 서술하였다. 후반부의 네 장은 일종의
미시사로서, 교육 관련 특정 주제가 어떤 과정을 밟아 형성되는지
다루었다. 첫 번째는 교육방법에 대하여, 두 번째는 학습자중심주
의 사상의 대두에 대하여, 세 번째는 현대의 대표적 교육관인 진
보주의, 본질주의, 항존주의와 교육사상은 아니지만 현재의 교육
현실에 영향을 미치고 있는 신자유주의, 포스트모더니즘을 개관
하였다. 네 번째는 역사적 전개에서 주류는 아니지만, 현재 교육
이 가진 문제를 고민하며 해결책을 탐색한 파울로 프레이리(Paulo
Freire)와 알렉산더 니일(Alexander Neil)을 다루었다. 덧붙여 교사
에 대한 동양의 시각도 고찰하였다.

　이 책을 읽는 독자들에게도 당부하고자 하는 것이 있다. 그것은
이 책이 제시하는 서사(이야기)를 따라가되, 그것만을 유일한 이
야기라고 간주하지 말라는 것이다. 이 이야기를 따라가면서 독자
스스로 더 구체화된 이야기 혹은 분화된 이야기, 대안적 이야기도
만들어 보기를 기대한다. 설령 그렇게 해서 필자가 제시한 서사와
전혀 다른 서사를 독자들이 만든다 하더라도, 그런 과정 자체가
교육사 분야의 학문적 수준을 한 단계 높이는 기반이 될 것이다.
간단히 말해, 이 책을 다 읽고 나서 독자 스스로 교육에 대한 이야
기를 구성해 보기를 기대한다.

　끝으로 이 책이 나오기까지 필자를 지도해 주신 교육사학회 회
원님들에게 깊은 감사의 뜻을 표한다.

2017년 1월
김대식

6

 차례

제1장

교육사 공부의 의의:
서사의 경청과 서사의 생성

배우고 그것을 때때로 익히면 기쁘지 않겠는가(學而時習之 不亦說乎)

– 공자(孔子), 『논어』–

학(學)이란 말은 본받는다는 뜻이다. 사람의 본성은 모두 선하지만 이것을 아는 데는 먼저 깨닫는 이와 나중에 깨닫는 이가 있다. 나중에 깨닫는 자는 반드시 선각자를 본받아야만 선을 밝게 알아 그 본성을 회복할 수 있는 것이다. 습(習)은 새가 자주 나는 것이니, 배우기를 그치지 않기를 마치 어린 새가 자주 나는 것처럼 하는 것이다. 열(說)은 기쁘게 한다는 뜻이다. 이미 배우고 또 때때로 그것을 익힌다면 배운 것이 익숙해져서 마음에 희열을 느껴 자연히 그만둘 수 없는 것이다.

– 주희(朱熹), 『논어집주』–

필자가 교육사를 처음 가르치게 된 것은 2001년이었다. 갓 박사과정에 입학한 내가 지방의 교육대학에서 교육사 강의를 맡게 되었던 것이다. 이후 나는 여러 대학과 학과에서 교육사를 가르치게 되었다. 내가 가르쳤던 대부분의 학생은 사범대학생, 교육대학생, 일반교직 이수자들이었다. 거의 모두가 중등학교나 초등학교의 교사가 되려는 소위 '예비교사'였던 것이다. 이 예비교사들은 교직과목 중 하나로 교육사를 선택하여 수강하였다. 물론 교육학과의 전공과목으로 교육사를 가르치기도 했지만, 이 경우도 여전히 학생들이 중등이나 초등 교사가 되리라는 예측을 전제로 하고 있었다.

한편 예비교사들에게 교육사를 가르치는 핵심적 이유는 교육사는 교육학의 분과학문이라는 소극적 이유가 있었다. 교육학은 마땅히 예비교사들이 습득해야 할 학문이므로, 그 분과로서 교육사를 가르쳐야 한다는 논리다. 필자는 실제로 이 논증이 정교하지는 않지만 의미 있다고 생각한다. 그러나 이는 교육사의 가치를 지나치게 소극적으로 규정하는 것이라 생각한다. "교육사는 이런저런 이유로 가치가 있다. 따라서 예비교사들이 학습해야 한다"는 적극적 설명은 아니라는 의미다.

교육사의 가치에 대해 지면을 할애해 가며 논의하는 것은 교육학과 그 주변의 풍토 변화 때문이기도 하다. 최근 들어 교육학 분야에서는 교육방법이나 기법을 다루는 실천적 지식[1]을 강조하고

---

1) 여기서 말하는 실천적 지식은 아리스토텔레스의 실천적 지혜와는 전혀 무관한 개념이다.

있다. 그에 따라 교육 현상을 바라보는 관점을 강조하거나 형성하는 것에 대한 관심이 상대적으로 줄어들고 있다. 더욱이 2000년대 초 이후 소위 '역량'에 초점을 둔 교육과정이 강조되면서, 실용적·경제적 가치를 가지는 교육학이 우세한 상황에 있다. 이런 상황 속에서 필자는 실용적이지 못한 교육사의 경우, 그 가치가 무엇인지 나름 해명할 필요가 있다고 생각한다. 그러나 그 가치를 보여 주는 방식이 결국 교육사가 교육방법에 대한 실용적 지침을 제공할 수 있다는 식으로 제기할 생각은 없다. 오히려 교육사는 교육학 중 실천적 지식을 제공하려는 분야와는 다른 관점에서 의미 있다는 것을 이야기하려 한다.

결론부터 말하면, 교육사는 실천적 지식을 만들고 제공하는 분야와 본질적으로 다르다. 교육사는 기본적으로 우리의 인식과 관점에 관련된다. 교육사는 과거의 역할을 다루면서, 우리가 처한 교육의 상황이 무엇의 결과물인지 이해하게 하는 일을 한다. 그리고 그 과정에서 관련자들이 어떤 논의와 고민을 경험했는지 다룬다. 이는 결국 현재 교육이 가진 특성을 역사적 관점에서 조명하는 것이라 할 수 있다.

교육사가 가진 이런 지향은 실용적 관점을 강조하는 측에서는 인정하기 어려운 부분이 있을지 모른다. 그러나 협소한 실용주의는 오히려 좋은 교사를 길러 내는 데 방해가 된다. 교육이란 무엇이며, 교육이 추구하는 가치, 우리가 가지고 있는 교육의 전통, 현재 한국 사회와 교육의 상황을 무시한 채 교수기법, 교과내용 지도에 매몰되는 것은 결국 성실하지만 성찰하지 않는 교육꾼을 만들어 내는 데 불과하기 때문이다. 그들은 수업을 잘할지는 몰라도, 자신의 삶의 의미, 학생에게 수업이 갖는 의미, 우리 사회에서 교육의 가치에 대해서는 진지하게 고민하기 어려울 것이다.

필자는 이 장에서 교육사를 가르치는 목적에 대해서 생각해 보고, 이를 기초로 교육사를 가르치는 적절한 방법은 무엇일지 고찰해 보려 한다.

1. 교육사 교육의 목적

교육사 교육의 목적은 교육사의 학문적 성격과 무관할 수 없다. 교육사는 어떤 면에서는 실천적 성격을, 다른 면에서는 이론적 성격을 지닌다. 여기서 실천적 성격은 주로 교육학이라는 학문 분야의 성격에 기인한다. 반면 이론적 성격은 교육사가 역사학적 문제 발견과 해결 방식을 활용한다는 점에서 발생한다.

먼저 교육사의 실천적 성격은 교육사의 모학문(母學問)이라 할 수 있는 교육학이 교육현장에서의 교수활동이나 교육제도와 관련을 맺고 있는 데에서 유래한다. 한편 교육사의 학문적 성격은 주로 역사학에 근접하고 있다. 교육사학자들이 자신을 일종의 역사학자로서 학문적 정체성을 규정하는 경우를 흔히 볼 수 있다. 또한 교육사 분야의 논문들은 교육 관련 주제나 문제의식을 출발점으로 하지만, 그 탐구방식은 역사학적 방식을 주로 활용한다. 예를 들면, 역사학에서 활용하는 사료 검증, 분석과 의미 해석 그리고 서사화의 과정이 그것이다. 이 점은 교육사만이 아니라, 경제사, 사회사, 문화사 등 다양한 분야에서 모두 공유하는 부분이다.

이런 교육사의 두 측면은 기본적으로 교육사 연구자들이 자신의 연구에 대해 취하는 입장의 전제가 된다. 그러나 이 두 측면은 교육사를 예비교사들에게 가르치는 상황과도 관련을 맺을 수밖에 없다. 왜냐하면 예비교사들에게 다른 것이 아닌 교육사를 교육사답게 가르치려 하는 한, 교육사의 학문적 성격이나 실천적 성격과 분리하여 가르치는 것은 적절하지 않기 때문이다. 예를 들어, 교육사를 가르친다면서 교육사와 전혀 무관한 —그러나 현장에서는 필요한— 내용을 가르치는 경우, 이를 교육사를 가르친다고 할 수 없기 때문이다.

우선 교육사 교육의 목적과 관련해 교육사가 가진 실천적 측면을 검토해 보자. 앞에서 필자는 교육사는 교육학의 분과 영역으로서 교육학이 가진 실천적 성격을 똑같이 지닌다고 이야기하였다. 교육사의 실천적 성격이란 기본적으로 현장에서 가르치는 교육적 과정에 교육사 강의가 모종의 기여를 해야 한다는 지향을 의미한다.

실천에 관한 이 요청을 곧 교육사 강의가 학교현장에서 예비교사들이 수업을 잘할 수 있도록 하는 정보나 이론, 경험을 제공해야 한다는 것으로 규정하면 곤란한 상황이 발생한다. 실제로 교육사의 연구 성과 중에는 현장에서 수업하는 데 도움이 될 만한 기법이나 전략, 경험 등이 있다. 예를 들면, 조선시대 서원의 강회나 회강은 자기주도학습이나 토론학습에 대한 일정한 시사를 제공할 수 있다. 그러나 이것은 조금만 생각해 보면 교육사 교육의 가치를 뒷받침하는 데 적절하지 않음을 알 수 있다. 우리는 흔히 '상황에 따라 다르다'는 말을 한다. 우리는 시대나 상황이 달라지면 다른 방식이나 전략이 더 효과적이라고 믿는다.

　물론 이와 달리 교육사가 어느 시대에나 변하지 않는 보편적이고 절대적인 교육방법 혹은 교훈을 제공해야 한다고 주장할 수도 있다. 그러나 이 역시 용이한 일이 아님은 분명하다. 필자 역시 일부 뛰어난 교사나 실천가들이 교육사에서 모종의 교훈을 얻는다는 것 자체를 부정하지는 않는다. 다만 이런 훌륭한 실천가들은 굳이 역사에서만 아니라, 자신의 경험이나 다른 나라나 다른 문화권 인물들의 사례에서 비슷한 교훈을 얻을 것이 분명하기 때문이다. 이런 경우, 우리는 그들이 교육사에서 이런 교훈을 얻었다고 말하기보다 경험에서 혹은 사고를 통해 이런 판단에 이르렀다고 말한다.

　그러면 교육사는 교육실천과 관련해 어떤 의미도 가지지 않는가? 나는 교육사가 교육실천을 위해 중요한 기여를 한다는 점에 대해서 의심하지 않는다. 오히려 교육사는 교육실천에서 핵심적 위치를 차지해야 하며 또 그런 역할을 할 수 있다고 본다. 다만 교육사가 교육실천에 기여하는 방식은 교육학의 다른 영역과 매우 다를 뿐이다.

　결론부터 말하면, 교육사가 교육실천에 기여하는 것은 기법이나 기술을 교육담당자들에게 전달하는 데 있는 것이 아니다. 교육사는 오히려 교육실천가다운 교육담당자를 길러 내는 데 기여함으로써 교육실천에 기여할 수 있다. 실천가다운 교육실천가란 초등교사일 수도 있고, 중등의 특정 교과교사일 수도 있고, 교육행정가 일 수도 있다. 교육사는 이들 실천가에게 교육의 실천을 위한 사고의 출발점을 제공하며, 한편으로는 교육실천을 위해 사고하도록 요청한다. 교육사는 교육문제를 숙의하는 실천가를 만드는 데 목적이 있으며, 그들이 당면한 교육 상황을 논의할 때 논의의 출발점을 제공한다.

　그러면 교육실천가들이 논의의 출발점으로 삼아야 할 것은 무엇인가? 그것은 한국의 교육현실일 수밖에 없다. 한국의 교육현실이란 결코 현재 상태를 의미하지 않는다. 그것은 축적된 과거이자, 공존하며 교류하는 과거다. 적어도 숙고하는 실천가는 자기가 처한 교육현실에 대한 하나의 서사를 가질 수밖에 없다. 긍정적이든 부정적이든 말이다. 어떤 실천가는 한국 교육은 과거의 잔재를 청산하고 진보해 왔다고 보지만, 다른 실천가는 한국 교육은 과거의 전통을 유지·발전하지 못하고 위기에 처해 있다고 평가한다. 이들이 가진 서사는 교육의 혁신에 대한 출발점이 될 수밖에 없다. 물론 현재 한국 사회는 교육적 서사와 무관한 정치적 가치가 영향을 주는 경우도 있다. 소위 진보와 보수가 그것이다. 그러나 나는 이런 진보와 보수라는 정치적 가치는 필연적으로 교육의 방향을 비본위적으로 변질시킬 것이라 본다. 적어도 교육의 본질에 충실하려면 교육실천가와 담당자들이 교육에 대한 서사를 가지고 있어야 한다.

　다음에서는 여기서 언급한 서사가 무엇인지 개관한다.

2. 교육사 연구의 방법[2]

　교육사 연구자들은 교육에 대한 서사에 관심을 가지고 있다. 교

---
2) 김대식(2014)에서 재구성.

육사 연구자들이 무엇을 하고 있는지 생각해 보는 것은 교육사의 학문적 성격을 의미한다. 그들은 서사를 만들거나 발견하기 위해 자료를 검토하고 분석하며 해석한다. 교육사 연구자들이 자료를 모으고, 분석하며, 해석하는 행위의 목적은 결국 서사(narrative)의 구성이다.[3] 서사의 구성이란 사건들을 소재로 선택해서 특정한 전개 구조에 맞추어 서술하는 것을 의미한다. 과거부터 현재까지 역사가들은 자료를 다루는 구체적 접근방식이나 주제, 문제의식은 달랐지만, 공통적으로 서사화라는 서사의 구성을 추구하였다.

역사가들은 과거의 사건에 대해 조사하고 자료를 수집하고 분석한 후, 하나의 서사 안에 그 사건들을 위치시키는 일을 해 왔다. 대표적으로 서원에 대한 역사적 연구는 서원이라는 기관이 언제, 어떤 이유로 발생하고, 어떤 식의 변화를 거쳤으며, 결국 어떻게 되었는지에 대해 이야기한다. 물론 서원에 대해서 더 작고 구체적인 주제에 한정하여 변화의 과정을 서사로 표현할 수도 있다. 그러나 주제의 크기나 관심사의 깊이와 상관없이, 교육사 연구는 특정한 주제의 변화나 과정, 인과관계 등을 다룬다. 특정한 주제에 관한 사실에 대해 자료를 수집하고, 분석하며, 해석하는 이유는 그 사건이 모종의 서사 구조 내에서 중요한 위치에 있기 때문이다. 어떤 사건이 의미 있다거나 중요하다고 판단하는 것은 그 사건이 모종의 서사에서 의미를 갖기 때문이다. 예를 들면, 동해의 독도가 우리나라의 어떤 다른 섬들보다 큰 관심거리가 되는 이유는 '독도가 오래전부터 대한민국의 영토였는데, 이웃나라 일본이

---

3) 김상수는 "서사란 특정 사건을 소재로 선택해서 특정한 전개 구조에 맞춰 서술하거나 논의하는 것"이라고 요약하고 있다. 김상수(2005), p. 67 참조.

이를 계속 빼앗으려 해 왔다'는 매우 중요한 서사의 일부이기 때문일 것이다.

역사적 연구가 서사를 지향한다는 점에 대해서 가장 강력하게 주장한 인물은 현대의 역사학자인 헤이든 화이트(Hayden White)다. 그는 역사가 가진 서사성에 대해 주목하면서 역사가의 행위는 일종의 서사를 만들어 내는 행위라는 점을 주장하고 있다. 그는 심지어 역사학과 서사 문학의 차별성에 대해서도 의문을 제기한다. 물론 그의 주장에서 논란이 되는 부분이 있기는 하다. 그 대표적인 것이 역사의 객관성 문제이다. 그러나 이런 한계에도 불구하고, 그는 역사가들이 하는 일에 대해서 비교적 명확하게 지적했다는 것이 필자의 생각이다.

우리는 서사를 읽으면서 그 등장인물들의 감정이나 경험을 동일시하게 된다.『서유기』를 읽으며 주인공인 손오공의 경험과 감정을 공유하며,『백범일지』를 읽으며 백범 김구의 경험과 감정을 이해한다. 그러나 서사 중 가공의 서사, 즉 소설은 독자와 현실적 관계를 맺을 수 없다. 독자는 결코 손오공이나 로빈슨 크루소가 될 수 없기 때문이다. 그러나 실재를 다룬 역사적 서사는 다르다. 역사적 서사는 읽기를 마친 뒤에도 여전히 독자와 관계를 맺는다. 독자는 특정 서사를 내면화하면서 그 이야기를 이어서 살아가게 된다. 진지한 서사 읽기는 일종의 과거의 경험을 나의 경험으로 수용하는 과정이다.

서사 읽기를 통해 독자는 서사에 참여하며, 이는 독자에게 새로운 정체성을 제공한다. 이 정체성은 서사 읽기를 통해 형성되는 것이지만, 동시에 윤리적 성격도 갖는다.[4] 역사적 서사에 참여하는 독자는 자신이 장구한 역사적 과정에서 어떤 위치에 있는지 이해하고, 그 위치를 받아들이게 된다. 그리고 이는 곧 그에게 모종의 윤리적 책무를 부여한다. 역사적 서사에 참여하는 사람은 역사의 업적과 함께 역사의 과오까지 모두 상속하는 것이다. 예를 들면, 현대 일본인들은 자신이 직접 참여하지 않았지만, 과거 일본제국이 저지른 과오에 대해서 역사적 책임을 상속해야 한다. 그렇게 하지 않고, 현대 일본의 삶 혹은 복지를 누리려는 것은 부당하다.

서사가 독자를 역사적 과정에 참여시키고, 스스로를 공동체의 일원으로 규정하게 만든다는 것은 그에게 역사적이면서 동시에 도덕적 책무를 부여한다. 그는 역사적 서사를 통해 자신이 어떤 존재인지 규정한다. "나는 한국인이며, 한국의 교사"라는 자각을 가진 인물과 그렇지 않은 인물은 교육현장에서 다른 행동을 할 것이다. 이처럼 자아정체성에 서사가 미치는 영향을 고려하면, 교사들이 어떤 역사적 서사를 수용하느냐는 매우 중요한 문제일 수 있다. 교사들의 역사적 정체성과 도덕적 책무의식이 곧 교육현장의 모습을 좌우할 것이기 때문이다.

이제 교육사의 실천적 기여에 대한 이야기의 종착점에 거의 도달했다. 교육사는 그 서사에 참여하는 이들에게 자신의 위치를 자각하게 하고, 교육적 책무를 자각하게 한다. 이렇게 보면 교육사의 기여 방식은 교수방법에 대한 정보를 제공하고, 학생의 이해와 교육제도에 대한 이해를 제공하는 것과는 매우 상이한 방식이다.

---

4) MacIntyre, A(1997), 제15장 참조.

교육사적 서사에 참여하는 예비교사는 자신이 가지는 교육적 책무 그리고 인류 역사에서 교육이 해 온 목적과 전통을 이해한다. 그리고 스스로 그런 가치를 이어받은 역사적 교사로서 자각하고 여기에 따라 자기가 하는 교육의 목적이 무엇이며, 올바른 방향이 무엇인지 판단할 수 있게 된다. 그는 교육부나 교육청 혹은 교장/교감의 요구나 지시에 대해 수용만 하기보다, 스스로 평가하고 판단한다. 그것이 교육적 가치에 부합하는지, 교육적 전통에 어긋나지 않는지 숙고하게 된다.

서사에 의해 형성된 교사의 정체성은 교수-학습 방법에 대해 이해하거나 활용할 수 있는 능력을 갖는 것과는 다른 차원에서 교육에 기여한다. 역사적 정체성은 자신이 하는 일이 무엇을 지향하는지에 대해 알려 준다. 이런 목적에 대한 자각은 추후 어떤 행동을 해야 할지 결정하는 근본적 기초가 될 수 있다.[5] 다시 말해, 역사적 정체성에 입각한 교사는 자기가 무엇을 해야 할지 결정한다. 물론 이 과정에서 그는 교육 관련 수많은 이론과 정보를 참조한다. 그러나 이론과 정보들은 결정의 선택지만을 제공할 뿐, 실제로 가치를 평가하여 선택하는 데에서 교사의 정체성이 가장 중요한 역할을 한다.

이것은 교육실천이 단지 특정 전략이나 기법의 적용이라는 패러다임을 벗어나야 함을 의미한다. 교육실천에서 교사들이 일차적으로 고민해야 할 문제는 자신이 추구해야 할 목적, 곧 실천의 목적이 무엇인지 고민하는 것이다. 내가 무엇을 어떻게 가르쳐야

---

5) 서사와 정체성의 관계에 대해서는 MacIntyre, A(1997), 제15장 참조.

할지 고민할 때 교육의 목적에 대한 사고를 먼저 해야 한다. 이 목적은 곧 교육방법이나 전략에 대한 지침이 될 수 있다.

이처럼 교육사 교육이 예비교사들에게 무엇이 교사로서 추구해야 할 목적이며, 그 목적을 뒷받침하는 전통이 무엇인지 보여 줄 수 있다는 점에서, 교육사 교육은 사실상 올바른 교육, 가치 있는 교육을 실현하는 데 반드시 필요한 영역이라 말할 수 있다.

서사가 갖는 이런 정체성 부여 기능을 역사나 전통이 개인에게 부여하는 일방적 과정으로 볼 필요는 없다. 기본적으로 서사는 개인의 정체성 형성에서 결정적 역할을 한다. 하지만 개인이 항상 전통을 수용하는 위치에만 있지는 않다. 이것은 우리 삶의 모습과 매우 유사하다. 우리는 주어진 상황의 속박 속에서 모종의 결정을 하고 살아간다. 그러나 이 때조차 우리는 어느 정도의 결정력을 가진 '행위자'이자 '주체'이기도 하다. 이것을 다른 방식으로 '작가'라고도 표현할 수 있을 것이다.[6] 우리는 작가로서도 서사 행위에 참여할 수 있다. 다시 말해 우리는 한국이나 교육제도의 전통의 규제 속에서 살아가면서, 자신의 행위를 통해 새로운 전통이나 제도, 관행을 만들어 낼 수도 있다는 점이다. 서사의 이런 측면은 개인에게 일정한 자율성을 부여하는 근거가 되기도 한다. 예비교사들은 교육사를 통해 자기에게 주어진 책무를 수용하는 정체성과 함께 스스로가 교육 행위를 개선하고 바꿀 수 있는 주체라는 정체성까지 획득할 수 있다. 물론 후자의 정체성은 교육사를 배우면서 최종 단계에서야 비로소 획득될 수 있는 의식이다.

---

6) MacIntyre, A(1997), 제15장 참조.

참고문헌

김대식(2014). 교육사, 어떻게 가르쳐야할까: 서사로의 전환. 한국교육사학, 36(1). 한국교육사학회.

김상수(2005). 역사 서술의 서사성과 '문화적 전환'. 역사와 문화, 10. 문화사학회.

성백효(1990). (현토완역) 논어집주. 서울: 전통문화연구회.

Aristoteles(2011). 니코마코스 윤리학(강상진, 김재홍, 이창우 공역). 서울: 도서출판 길.

MacIntyre, A. (1997). 덕의 상실(이진우 역). 서울: 문예출판사. (원저는 1984년에 출판).

제2장

고대사회의 교육:
성인식 그리고 학교의 등장

교육은 그 개념 안에 박혀 있는 세 가지 기준을 모두 충족시키는 방향으로 가치 있는 활동 또는 사고와 행동의 양식으로 사람들을 입문시키는 성년식 이라고 할 수 있다.

– 피터스(Peters), 『윤리학과 교육』 –

원시상태의 인간은 어떻게 교육했을까? 이 질문에 대한 한 가지 대답은 원시인들은 교육하지 않았다는 것이다. 루소(Rousseau)는 데피네 부인과 대화하던 중, 부인이 아이를 교육하는 것이 매우 어려운 일이라고 말하자 다음과 같이 대답한 일화가 있다. "부인, 저도 동감입니다. 자연(自然)은 아버지와 어머니가 교육을 하도록 하지 않았으며, 그와 마찬가지로 자녀도 교육을 받도록 하지 않았습니다."[1]라고 말하였다. 그러면서 자연 상태에서 살고 있던 원시인들 사이에서는 아무도 가르치는 사람이 없이 학습이 저절로 이루어졌다고 말한 바 있다. 실제로 원시인뿐만 아니

그림 2-1   현재의 학습 장면

1) Boyd, W. (1994), p. 440 참조.

라 현대인도 가르치지 않아도 스스로 학습을 한다. 실수를 통해서도 배우고, 책을 읽다가도 스스로 깨달으며, 오히려 가르칠 의도가 전혀 없는 사람을 모방하여 배우기도 한다. 이를 무형식 학습이라 부르기도 한다.

1. 성인식

루소의 말대로 원시시대에는 가르치는 사람이나 교육이 없었던 것일까? 원시시대에도 청소년들을 가르치는 교육활동이 존재했고, 오늘날까지도 그 자취가 남아 있다. 성인식(initiation)이 바로 자연적 학습이 아닌 교육의 가장 오래된 형태다. 성인식에 대한 고전적 연구인 방 주네프(van Gennep)의 『통과의례(The Rites of Passage)』에서 콩고의 성인식 의례를 다음과 같이 기술하고 있다.

수례자(the novices)는 새로운 환경과 통합되기 위하여 그 이전의 환경으로부터 격리된다. 이전 아동집단과 관련해서 그는 죽은 것으로 간주된다. 그는 지시받은 숲으로 가서 씻기고, 매질당한 후 술을 흠뻑 마셔 결국 정신을 잃게 된다. 그러고 나서 신체를 절단하는 행위와 신체에 색칠을 하는 의례가 행해진다. 수례자들은 그들이 시험받는 기간에는 죽은 것으로 간주되고 나체로 돌아다녀야 하고, 은신처를 벗어나지 못할 뿐만 아니라 자신의 모습을 사람들에게 보여서는 안 된다. 성직 마술사가 그들을 가르친다. 그들은 특수한 언어로 말하고 특별한 음식을 먹게 된다.

이들은 걷거나 식사하는 법을 모르는 것처럼 행동하고, 그들이
새로 태어나서 일상생활의 모든 몸짓을 다시 배워야 하는 것처럼
행동한다.[2]

통과의례(通過儀禮, passage rites)란 인간이 새로운 지위·신분
을 획득하기 위해 통과해야 하는 다양한 의식을 지칭하는 말이다.
방 주네프에 따르면 성인식은 사회나 부족에 따라 그 절차, 기
간, 대상 등이 상이하다. 그러나 공통적으로 분리의식, 전이의식,
통합의식의 단계를 포함한다고 주장한다. 첫 번째로, 분리의식 단
계는 수례자(성인식 대상자)가 과거의 자기를 부정하는 단계다. 이
는 자기 정체성의 죽음에 해당하는 단계로서, 아동기의 행동방식
이나 태도를 버리도록 하는 단계다. 두 번째로, 전이의식의 단계
는 마치 새로 태어난 듯이 어른으로서 배워야 할 지식이나 기술,
규범들을 배우는 단계다. 수례자들은 이 과정을 통해 어른으로서
행동하는 법, 태도, 지식을 갖추게 된다. 마지막 단계는 이 모든
과정과 시험을 통과한 사람을 대상으로 한 통합의식이다. 통합의
식은 교육과 시련을 통과한 수례자들을 그 사회의 구성원으로 받
아들이는 의식이다. 그는 사회의 정식 일원으로 간주되며, 일정
한 책임과 권한을 갖게 된다. 성인식은 국외자 혹은 어린아이에게
'어른'이라는 정체성을 부여하는 의식이다.
방 주네프가 제시한 성인식의 단계와 의미를 요약하면 〈표
2-1〉과 같다.

2) van Gennep, A. (1985), p. 81 참조.

〈표 2-1〉 성인식의 단계와 의미

• 분리의식: 과거의 나의 부정, 죽음의 상징
• 전이의식: 새로운 삶의 방식, 새로운 정체성의 습득
• 통합의식: 새로운 존재로의 탄생, 성인으로서의 정체성에 대한 자기와 타자의 인정

그림 2-2   영화 〈300〉에서 아고개로 끌려가는 어린이

　교육이 예전에 가지고 있던 것을 버리고 새로운 존재가 되도록 하는 것이라고 할 수 있다면, 성인식이야말로 교육의 전형이라 할 수 있을 것이다. 성인식은 단순히 지식이나 정보를 전달하는 데 그치는 것이 아니라, 한 사람의 인격, 자기에 대한 생각, 사회에 대한 인식을 바꾸는 총체적 교육의 과정이기 때문이다.

　방 주네프의 이론을 우리가 잘 알고 있는 단군신화에 적용해 보면 어떨까? 단군신화는 고조선 창건 신화이지만, 성인식과 관련된 상징들을 가지고 있어 일부 교육학자들의 경우 고조선 사회의 성인식으로 이해하기도 한다. 단군신화의 내용은 다음과 같다.

때마침 곰 한 마리와 범 한 마리가 같은 굴에서 살았는데, 늘 환웅(桓雄)에게 사람 되기를 빌었다. 이때, 환웅(桓雄)이 신령한 쑥 한 심지와 마늘 스무 개를 주면서 말하였다. "너희들이 이것을 먹고 백 일 동안 햇빛을 보지 않는다면 곧 사람의 모습을 얻게 될 것이다." 곰과 범은 이것을 얻어서 먹었다. 삼칠일(三七日) 동안 몸을 삼가자 곰은 여자의 몸이 되었다. 그러나 범은 능히 몸을 삼가지 못했으므로 사람의 몸을 얻지 못하였다. 웅녀(熊女)는 자기와 혼인할 사람이 없었으므로 항상 단수(檀樹) 밑에서 아이 배기를 빌었다. 환웅은 이에 임시로 변하여 그와 결혼해 주었더니, 웅녀는 임신하여 아들을 낳아 이름을 단군이라 하였다.[3]

이 내용을 방 주네프의 성인식 단계 구분에 따라 분류해 보면, 곰과 호랑이가 사람이 되게 해 달라고 기도하여 사람이 되는 방법을 알게 되는 것은 자기 정체성에 대한 부정 단계로서 분리의식에 해당한다. 이후 동굴생활은 인간에게 필요한 덕성(아마도 단군신화 내용에서는 인내)을 갖추는 단계다. 동굴생활을 잘 견딘 곰은 인간으로서의 생활 태도와 신체를 얻게 된다. 이 단계는 전이의식이라 할 수 있다. 한편 웅녀는 여성의 몸을 얻기는 했지만 아직 어디에도 속하지 않았다는 점에서 불완전한 존재다. 웅녀는 환웅과 결혼함으로써 인간 사회의 정식 구성원이 되는데, 바로 이 결혼이 통합의식의 단계라 할 수 있다. 특히 한국에서 전통적으로 결혼을 성인이 되는 결정적 기준으로 보는 것과 관련이 있는 듯하다.

◇◇◇◇◇◇◇◇◇◇◇◇◇◇◇◇◇◇◇◇◇◇
3) 『삼국유사』, 권1.

그러면 이런 성인식은 사라져 버린 것인가? 아프리카나 남미의 일부 부족에는 여전히 성인식이 남아 있다. 또한 한국의 경우 전통 성인식인 관례(冠禮)·계례(筓禮)를 대신하는 성년의 날(5월 셋째 주 월요일)이 남아 있다. 현대에는 이런 원시사회의 성인식보다 더 강화된 제도가 존재한다. 그것이 바로 학교이다. 학교는 입학식과 졸업식 등 성인식의 구조를 여전히 유지하고 있다.

필자는 매년 2월의 졸업식에서 새로운 자격을 얻는 통합의식을, 3월의 입학식에서는 과거의 정체성을 벗어 버리는 분리의식을 지각한다. 대학 총장이 졸업식사에서 졸업자들에게 이제부터는 진짜 사회인이라고 격려하는 대목과, 고등학교 입학식에서 교장이 "여러분은 오늘부터 고등학생입니다. 중학생과는 다른 자세와 포부를 가져야 합니다." 하고 인사말을 할 때 이것을 느낄 수 있다.

2. 학교의 등장

성인식은 이후 학교(學校)라는 더 제도화된 형태로 변화되었다. 성인식이 쇠퇴하고 학교가 등장한 이유는 무엇일까? 왜 이전에는 개인이 스스로 배우는 학습이나 성인식을 통한 단기간 교육대신에 일부 문화권에서 학교라는 제도를 만들기 시작한 것일까? 최초의 학교를 설립한 이유나 목적을 문헌에서 명확하게 알려주는 것은 없다. 다만 학교라는 교육제도의 운영방식이나 역할을 통해 학교가 등장한 이유나 목적을 추론해 볼 수 있다.

우선 부모나 연장자가 일러 주는 방식의 교육만으로는 부족한 사회적 상황이 출현했다는 점을 생각할 수 있다. 더 이상 어른들의 교훈이나 정보만으로는 살아갈 수 없는 체제가 만들어진 것이다. 다시 말해, 어른들을 모방하거나 어른들의 단편적이고 산발적인 가르침을 수용하는 것만으로는 부족한 시대가 된 것을 들 수 있다. 이에 보다 체계적이며 장기간에 걸친 교육을 하는 곳으로 학교가 등장한 것이다. 이런 체계성과 기간의 장기화는 결국 사회의 근본적 변화, 지식과 기술의 증가, 지배층과 피지배층의 분화에도 영향을 받았을 것이다.

관련된 구체적인 변화로는 문자(文字)의 상용화와 학문의 발전을 들 수 있을 것이다. 학교는 고대부터 문자를 핵심적 교육 매체로 사용하였고 학문을 교육해 왔다. 이런 내용들은 일상생활의 장에서 저절로 습득하기 어려운 것이었으므로 학문과 문자를 익히기 위해서는 전문가의 가르침이 요구되었다. 이런 전문가들은 곧 전문적 교육을 하는 이들, 즉 교사였다. 교사들은 일상에서 배울 수 있는 실용기술이나 정보를 전달하는 것이 아니라 지식을 다루었다. 지식의 등장과 전문 교육인인 교사의 등장, 그리고 이를 배우려는 다수의 생도의 출현은 결국 학교라는 전문적 교육담당 기구의 출현을 낳았던 것이다.

두 번째 가능성은 지배층의 특권을 유지하거나 지배층을 재생산하기 위한 학교의 등장이다. 실제로 대부분의 문화권에서 학교에서 처음 공부를 한 계층은 주로 경제적·문화적·정치적 지배층이었다. 아테네의 사립학교나 중국의 고등교육기관, 우리나라 고대의 고구려 태학과 신라 국학이 평민들을 대상으로 한 대중교육기관이 아니었던 점에서도 이를 추정해 볼 수 있다.

　세 번째 가능성은 아이들의 격리와 보호다. 학교가 존재하지 않는 경우 아이들은 어른들과 일상생활을 공유할 수밖에 없다. 실제로 일부 문화권에서는 아동을 성인과 사실상 구분하지 않았다는 지적도 있다.[4] 이런 상황은 종종 아이들에 대한 학대나 폭행의 가능성을 높일 수 있다. 이런 점에서 점차 아이들을 어른들로부터 격리해 성장시키는 기관으로서 학교의 등장을 추정해 볼 수도 있다.

　유럽 인근에서 학교가 최초로 등장한 시기는 지금으로부터 약 5,000여 년 전이라 추정된다. 인류 최초의 문명이라 할 수 있는 수메르 문명의 점토판에 학교에 대한 기록이 나오기 때문이다.[5] 유럽의 경우는 고대 아테네에 음악을 가르치는 사립학교가 존재하였다. 아테네의 이 사립학교에서는 아이들에게 음악을 가르쳤는데, 교육 비용은 학부모들이 부담하였다. 이로 인해 아테네의 학교는 경제적 여유가 있는 부유층의 자제들만을 위한 교육기관이 되었다.[6] 실제로 아테네만이 아니라 다른 문화권에서도 학교가 처음 등장한 후 상당 기간, 학교는 상위 계층의 자제들을 위한 기관으로서 역할을 하였다.

　하위 계층이 학교교육에 적극적으로 참여하지 않은 이유는 우

4) Philippe, A. (2003) 참조.
5) Kramer, S. N. (2000), pp. 23-36 참조.
6) 이런 아테네의 학교 체제를 유럽에 본격적으로 전파시킨 것은 로마제국이었다. 로마는 초기에 아테네의 사립학교를 모방하여 학교를 설립하였던 것이다. 이후 로마인들은 학교를 3단계로 세분화하였다. 그것이 문자학교(School of th Litterator), 문법학교(School of the Grammaticus), 수사학교(School of the Rhetors)이다. 이중 문자학교는 로마 초기 학교인 루두스(Ludus)의 후신으로, 주로 초등 수준의 교육을 담당하였다. 문법학교와 수사학교는 중등 이상의 교양교육과 전문교육을 담당한 교육기관이라 할 수 있다.

선 경제적 요인을 들 수 있다. 학교 교육비를 부담할 수 있는 경제적 여건이 안 되는 상황에서 자녀를 학교에 보내는 것은 쉬운 일이 아니었다. 또한 학교에서 가르치는 내용이 정작 하위 계층의 직업이나 노동에 전혀 도움이 되지 않았다. 학교에서는 다양한 학문 분야의 지식을 가르쳤는데, 이 지식들은 노동을 하거나 경제활동을 하는 데 도움이 되는 것이 아니었기 때문이다. 학문을 배운다고 해서 그가 농사를 잘 짓게 되거나 물건을 잘 만들게 되는 것이 아니었다. 이런 지식들은 굳이 배우지 않아도 기본적인 생존에는 아무런 문제가 없었다.

그럼에도 학교 졸업자들은 정치적으로나 경제적으로 우월한 지위를 차지하였으며 정치가, 법률가, 종교인 등 사회의 지도층을 형성하였다. 이처럼 상류층의 자제들을 교육하여 다시 상류층의 역할을 담당하게 하는 학교는 고대 이후부터 근대까지 지속되었다.

후술하겠지만 이런 학교의 성격은 이후 점차 대중적 교육기관으로 변화하게 된다. 유럽의 경우, 종교개혁과 프랑스혁명 등을 거치면서 보통교육으로서의 의무교육이 확산되었고, 그 결과 계층과 상관없이 누구나 다닐 수 있는 학교가 등장하였다. 우리나라의 경우도 19세기 말부터 누구나 교육받을 수 있는 시대로 접어들었다.

근대사회로 진입하면서 대부분의 국가나 공동체에서는 계층, 재산, 성별에 상관없이 누구나 학교에 다닐 수 있게 되었다. 하지만 이런 근대 학교의 확산과 발전 과정 자체에서도 여전히 상위 계층이나 특정 인종이 유리한 위치를 점유하였다는 지적이 있다.

이를 잘 보여 주는 것이 마틴 카노이(Martin Carnoy)의 교육수익률 개념이다. 교육수익률(rate of return to education)은 교육에 투자한 금액에 대한 이익금의 비율이다. 예를 들면, 대학교육의 수익률의 계산은 대학교육을 받기 위해 투입한 등록금, 교재비, 다른 기회비용을 합산하고, 이어 고졸자와 대학 졸업자의 평균 소득 격차를 이익으로 보고 계산한다.

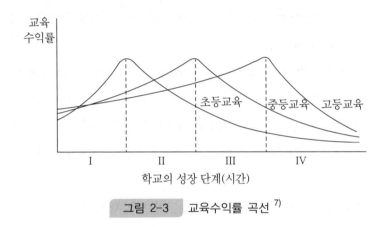

그림 2-3   교육수익률 곡선 [7)]

교육수익률은 학교교육을 받게 된 결과 얻게 되는 개인의 수익에 초점을 둔 개념이다. 현실에서 학교교육을 받으면 그렇지 않은 경우에 비해 더 많은 수익이 발생한다. 고등학교 졸업자와 대학 졸업자 간에 소득 격차가 존재하는 것도 그 예다.

이 교육수익의 비율은 사회적 상황, 특히 학교교육에 대한 사회적 평가나 인식과 관련이 된다. 이를 학교의 등장과정과 관련시켜

7) Carnoy, M. (1972), p. 182 참조.

논의해 보자. 일단 초등학교가 등장한 초기 상황을 고려하자. 초등학교가 몇 곳에 만들어진다. 물론 이 초등학교는 유상이며 의무교육 체제하에 운영되는 것도 아니다. 따라서 초등학교에 진학하는 것은 개인의 선택에 달려 있다. 이렇게 초등학교를 졸업한 사람들이 일부 생기면 초등교육의 성과에 대한 기대(적어도 초등교육을 받지 않은 사람에 비해 뛰어날 것이라는 기대)에 따라 그들을 회사나 공공기관에서 유치하려는 풍토가 생겨난다. 이에 따라 그들에 대한 사회의 경제적 대우 역시 좋아진다. 이런 경향은 점차 일반화되어 초등교육의 수익률은 계속 증가한다. 이는 물론 학교의 등장 과정에서도 동일하게 나타난다. 즉, 학교교육을 받은 결과 얻게 되는 이익의 비율은 학교가 처음 보급되는 시점에서는 그다지 높지 않다. 그러나 그 수익률은 일정 기간 점차 상승한다. 이처럼 초등교육의 수익률이 증가하는 상황이 계속되면, 이전보다 더 많은 사람이 초등학교 취학을 시작한다. 덧붙여 국가가 보통교육을 위해 의무교육이나 무상교육 정책을 도입하기도 한다.

그러면 어떤 변화가 생겨날까? 이처럼 초등교육의 취학률이 증가하는 현상은 필연적으로 초등교육의 수익률을 떨어뜨리는 결과를 가져온다. 예전에는 초등학교만 나와도 말단 공무원(면서기)이라도 할 수 있었다면, 이제는 불가능하다. 초등학교 졸업자들의 수가 많아지면서 그들 간의 경쟁도 치열해지고, 초등학교 졸업자의 희소성은 줄어들기 때문이다. 이에 따라 초등학교 졸업자에 대한 사회적 우대 정도는 점점 약화된다. 이것은 편의점에서 아르바이트를 하려는 사람들의 경쟁이 심하면, 편의점 주인은 아르바이트생의 임금을 최저임금 수준으로 낮추어도 아르바이트생 모집에 어떤 어려움도 없는 경우와 유사하다. 즉, 학교교육을 통한 교육수익률은 초기에 일정 기간 증가하지만, 그 기간이 지나면 낮아지기 시작한다.

이후 나타나는 변화는 학력 인플레이션이다. 이제 사람들은 초등학교보다 상급학교인 중등교육기관을 요구하게 되고, 다시 중등교육기관의 교육수익률은 일정 기간 상승한다. 그러나 새롭게 등장한 중등교육기관의 졸업자 역시 결국 똑같은 상황에 처하게 된다. 이후 다시 고등학교, 대학교가 계속 만들어지고, 학생들은 취업과 사회적 인정을 획득하기 위해 점점 더 오래, 더 많은 비용을 들여 학교교육을 받기 시작한다.

그러면 이런 학교 팽창 과정에서 가장 큰 이익을 보는 이들은 누구일까? 그 답은 학교 팽창이 이루어지는 초기에 학교에 진학하여 졸업한 이들이다. 상대적으로 교육수익률이 높은 시기에 학교를 다닌 이들, 이들이야말로 학교교육으로부터 가장 큰 수익을 거둔 이들이다. 그러면 이들은 어떤 사람들일까?

현실적으로 가장 먼저 학교에 자녀는 보내는 이들은 중상류층이라 할 수 있다. 경제적 · 문화적 · 사회적으로 상류층은 자녀를 학교에 보낼 수 있는 충분한 여유를 가진다. 아동이 학교에 취학하기 위해서는 가정을 유지하기 위한 노동으로부터 자유로워야 한다. 그리고 유상인 학교 교육비를 분담할 수 있는 경제적 여유가 있어야 한다. 또한 아이들의 교육에 대한 보호자들의 강한 관심이 선행되어야 한다. 바로 이런 조건을 갖춘 이들은 상류층과 중류층 일부일 수밖에 없는 것이다.

한편 하류층에게는 더 아픈 상황이 전개된다. 그것은 하류층이 드디어 자녀교육에 관심을 갖기 시작할 때는 이미 교육수익률이 낮아지기 시작한다는 점이다. 하류층이 학교교육의 필요를 절감하고 아이들을 너도 나도 취학시킬 때, 초등학교의 졸업자 수는 급증하고, 이는 곧 초등학교 교육수익률의 급격한 하락으로 나타난다. 하류층이 교육에 관심을 두는 시점에서 이미 해당 교육 단계의 수익률은 하강하는 상황에 접어드는 것이다. 이에 따라 하류층이 학교교육을 통해 거두는 수익은 다른 계층에 비해 전반적으로 낮을 수밖에 없다.

그러면 우리나라의 경우도 정말 이런 지적이 들어맞는가? 〈표 2-2〉를 검토해 보자.

〈표 2-2〉학력별 교육수익률 차이(한국)[8]

구분	1967	1969	1971	1977	1980	1982
중학교	12	20	8.2	2.8	2.9	8.5
고등학교	9	11	14.6	9.9	8.1	12.5
대학교	5	9.5	9.3	13.8	11.7	13.7

우리나라의 경우도 학력별 교육수익률이 가장 먼저 상승한 것은 중학교였다. 중학교의 경우 1969년 최고의 교육수익률을 보였다. 이어 고등학교는 1971년에 높은 교육수익률을 보였다. 1977년 이후에는 대학교가 가장 높은 교육수익을 거두는 것으로 나타났다.

이처럼 카노이의 주장이 다른 나라뿐만 아니라 우리나라에도

---

8) 김신일(1993), p. 195 참조.

들어맞는다고 한다면, 학교교육이 사회 평등에 기여한다는 주장
은 설득력을 갖기 힘들어진다. 학교교육이 팽창하는 과정에서 다
른 계층보다 특정 계층에게 더 큰 이익을 가져다주었기 때문이다.
그러면 우리는 이런 해석에 대해 어떻게 평가해야 할까?

첫 번째는 이런 주장이 가지고 있는 통계적 처리 기법이나 교육
수익률 개념의 모호성을 지적할 수 있다. 이 주장은 일부 유럽 국
가의 사례이고, 교육수익률이라는 개념도 엄밀하게 계산된 것이
아니다. 따라서 이론적 완결성이 부족하다고 비판할 수 있다. 이
주제를 실증적으로 검토해 봐야 한다는 점에서 결론을 유보하는
것에 가깝고, 이 해석에 대한 논박이라고 보기는 어렵다.

두 번째는 교육수익률 개념이 경제 논리로만 학교교육의 가치
를 평가한다는 점을 지적하는 것이다. 교육수익률의 초점은 학교
교육을 통해 개인이 얼마나 더 많은 소득을 거두는가에 맞추어져
있다. 이 관점에서는 학교교육은 소득 향상을 위한 것이며, 그것
이 학교교육을 제공하거나 받아야 하는 유일한 이유이자 동기라
고 본다. 그러나 과연 학교교육의 목적이나 이유가 경제적 가치를
획득하기 위한 것일까? 학교교육은 사회에서 종종 개인의 임금이
나 소득을 결정하는 기준으로 활용된다. 그러나 이것이 학교교육
의 목적이나 이유는 아니다. 학교교육의 목적은 학습자의 바람직
한 성장이다. 학습자의 바람직한 성장이 무엇인가는 또 다른 논의
를 필요로 하지만, 일단 학교교육의 직접적 목적은 취업이나 사회
적 성공에 있지 않다는 점이다. 종종 학교교육을 취업이나 사회적
성공을 위한 것이라고 보는 이들이 있다. 물론 현실에서 학교교육
의 결과에 따라 사회가 차등적 보상을 제공하고 있다. 하지만 그

것은 학교교육을 회사나 공공기관에서 채용의 기준으로 사용하면
서 생긴 결과일 뿐이다. 학교교육의 목적은 개인의 소득 상승이나
계층 상승이 아니다. 그런 것들은 학교교육의 우연한 의도하지 않
은 결과일 뿐이다. 학교교육은 본래 지적·정의적·신체적 성장
을 돕는 일을 할 뿐이었다. 따라서 학교교육이 계층 상승에 도움
이 되지 않는다거나, 특정 계층에게 유리하다는 주장은 학교에 쏟
아질 비난이 아니다. 그것은 오히려 학교교육의 결과를 이용하는
사회의 다른 영역에 돌려야 할 비판이다. "왜 당신 회사는 실력이
아니라, 학력을 더 높이 평가합니까?" "왜 당신 기관은 자체적으
로 자기들이 필요로 하는 인재상을 제시하고 거기에 따라 평가하
기보다, 수학능력시험 성적이나 소위 일류대학 졸업생을 더 선호
합니까?" "결혼 상대자로 그의 인격이나 실력보다 그의 대학 졸업
장의 유무를 더 중시하는 이유가 무엇입니까?" 하고 물어야 한다.

학교교육을 비판해야 한다면, 그것은 학교가 제 역할을 하지 못
하고 있는 점을 지적해야 한다. 예를 들면, 왜 아이들이 학교에서
불행하다고 많이 느끼는가? 아이들은 학교에서 의미 있는 성장을
왜 하지 못하는가? 학교 교육과정은 우리공동체의 지적·도덕적
가치를 충분히 반영하고 있는가? 우리 학교는 공정하고 정의롭게
운영되는가? 등을 통해서 평가해야 한다. 그렇지 않고 취업률을
가지고 좋은 학교와 나쁜 학교 혹은 정부 지원을 받을 수 있는 학
교와 그렇지 않은 학교로 나누는 것은 오히려 학교교육을 교육적
이지 못하게 만드는 행위다. 현재 한국의 입시위주 교육, 취업중
심 교육은 이 점에서 우려되는 부분이다.

세 번째 비판은 교육수익률에 따른 격차가 발생한다 하더라도,

이를 개선하기 위한 실천의 여지가 남아 있다는 것이다. 지금까지의 학교들이 결국 계층의 불평등을 심화시키는 역할을 했다 하더라도, 우리는 이 문제를 개선하기 위해 모종의 노력을 할 여지가 남아 있다. 무상교육의 확대나 국가장학금 제도의 확충, 학벌체제의 완화, 실력주의 풍토의 제고 등이 그 예가 될 수 있을 것이다. 학교교육 수익률이 조장하는 계층 간 격차에 대해 우리는 그것이 현실이라고 보고 어떤 행동도 취하지 않아서는 안 된다. 오히려 이런 문제를 해소하거나 보상하기 위한 방안이 없는지 고민해야 한다. 이것이야말로 교육실천가와 전문가들이 고민해야 할 문제들이다. 단지 학교교육 수익률이 높은 기관이 등장하면 내가 거기에 진학하겠다는 태도를 취할 것이 아니라, 그것이 유발할 수 있는 문제를 줄이는 사회적 노력, 개인적 노력을 시도하는 것이 교육실천가와 전문가다운 태도라 하겠다.

 참고문헌

김신일(1993). 교육사회학(개정판). 서울: 교육과학사.

Boyd, W. (1994). 서양교육사(이홍우, 박재문, 유한구 공역). 서울: 교육과학사. (원저는 1921년에 출판).

Carnoy, M. (1972). The political economy of education. In T. Labelle (Ed.), *Education and Development*. California: University of California.

Kramer, S. N. (2000). 역사는 수메르에서 시작되었다: 인류 역사상 최초 39가지 (박성식 역). 서울: 가람기획. (원저는 1988년에 출판).

Philippe, A. (2003). 아동의 탄생(문지영 역). 서울: 새물결. (원저는 1962년에 출판).

van Gennep, A. (2000). 통과의례(전경수 역). 서울: 을유문화사. (원저는 1945년에 출판).

제3장

중세의 교육:
도제식 교육, 기사교육, 대학의 등장

여러분의 제자에게 말로 하는 어떤 종류의 교훈도 주어서는 안 된다. 아동은 체험에 의해서만 교훈을 얻어야 한다. 어떤 종류의 처벌도 가하지 말라. 왜냐하면 아동은 잘못을 저지른다는 것이 무엇인지도 모르기 때문이다.

– 루소(Rousseau), 『에밀』–

현재 우리나라에는 수많은 대학과 직업훈련기관이 존재한다. 이런 직업교육, 즉 특정 영역에 전문성을 갖춘 이들을 교육하는 체제는 과거부터 존재해 왔다. 그 가운데 현재 한국 교육에 영향을 미치고 있는 직업교육 혹은 고등교육의 등장과 형성 과정을 살펴본다.

이 장에서 주로 다루는 시기는 유럽의 중세시대다. 이 시대는 로마의 멸망 이후의 고대 아테네와 로마를 중심으로 확대된 학교교육 체제가 크게 쇠퇴하였다. 앞에서 살펴보았듯이 아테네와 로마는 유럽 지역에 사립학교를 확산시켰다. 특히 로마는 현재의 초등-중등-고등과 유사한 3단계 학교체제를 구축하였다. 또한 로마 후기에는 황제들이 학교를 설립하면서 일종의 공적 교육 시스템이 확충되고 있었다. 그러나 이런 교육적 발전은 로마 멸망 이후 사실상 수포로 돌아갔다. 이런 상황에서 중세 유럽인들은 학교가 아닌 다른 방식의 교육 시스템을 구축하였다. 그리고 중세 후반에는 이런 중세인들의 교육 시스템이 학교에 접목되면서 대학이라는 중세적 교육기관이 등장하였다. 이렇게 만들어진 대학은 현재까지도 그 명맥을 유지하며 중요한 교육기관으로 역할을 하고 있다.

1. 도제식 교육

현재 한국의 직업교육은 다양한 기관과 장(場)에서 이루어지고 있다. 실업계 중등학교, 평생교육기관, 각종 사설학원, 대학교에서 다양한 직종과 직급을 위한 교육을 실시하고 있다. 교육의 목적이 직업인의 양성이나 직업교육이 아닌 것은 분명하지만, 현실에서 교육은 직업인 양성에도 일정 부분 기여하고 있는 셈이다. 이처럼 특정 기관이나 시설에서 직업인 양성을 지원함에 따라, 우리는 특정인이 그 직종이나 직책을 담당할 만한지 평가할 때 그의 자격증을 본다. 자격증을 통해 우리는 그 사람이 자격이 있는지 아닌지 판단하는 것이다. 그래서 병원에서는 의사들의 의과대학 졸업장이나, 의사면허증 등을 방문객들이 잘 볼 수 있는 곳에 걸어 두고, 미용사들은 미용교육 수료증이나 미용협회 회원증을 달아 두며, 운전자들은 지갑 속에 운전할 자격이 있다는 공인 운전면허증을 휴대한다.

현재 자격증 제도의 기원을 중세 유럽의 도제식 교육(apprenticeship, 이하 도제교육) 체제로 거슬러 올라갈 수 있다. 도제교육은 중세시대부터 유럽에서 존재한 직업교육의 형태였다. 도제교육 체제에서는 숙련된 기술을 가진 장인(匠人, master)이 제자를 양성하였고, 이 제자들이 다음 세대의 기술자 역할을 하였다. 그 과정에서 제자들은 스승에게 기술과 교양을 배우며, 평가를 받고 공인 자격을 획득하였다. 도제교육 체제는 장인 후보에게 오랜 실무 경험을 요구하였고, 그의 기술과 역량을 길드(guild)에서 검증하여 자격을 부여하였다. 이런 도제교육을 받았던 인물들은 매우 많은데, 미켈란젤로(Michelangelo), 레오나르도 다빈치(Leonardo da Vinci) 등이 유명하며, 심지어 루소도 도제교육을 받은 경험이 있었다.

이후 유럽의 오스트리아, 독일, 프랑스, 영국 등에서도 직업교육의 대표적 형태로서 도제교육이 계승되어 왔다. 지금도 수공업 분야의 경우 이 전통이 여전히 강력하게 남아 있다. 또한 일부 기술교육기관에서 이론교육과 실습을 병행하는 경우가 있는데, 여기서 실습은 도제교육의 흔적이라 하겠다.

중세시대에 직업을 갖으려는 이들은 대학교를 나와서 취업하는 것이 아니었다. 즉, 이들은 제도화된 형식적 교육기관(학위 인정기관)에 입학하는 것이 아니었다. 아직 이런 학교들은 매우 적거나 발전되지 않았기 때문이다. 그들은 도시나 마을 인근에 있는 특정 기술의 장인(匠人)을 찾아가 기술을 배우고 싶다고 요청했다. 마스터가 허락하면 그들은 도제(apprentice)가 되었으며, 도제는 그때부터 마스터의 공장이나 가게에서 온갖 허드렛일을 하며 곁눈질로 기술을 배웠다. 마스터가 찬찬히 기술을 하나하나 가르쳐 주거나 특정 이론을 교수하는 경우는 별로 없었다. 기술의 숙련과 학습은 오로지 도제의 노력에 달려 있었다. 심지어 도제 시기에는 주인인 마스터가 도제의 의식주만 해결해 줄 뿐 노동의 대가인 급여조차 지급하지 않았다. 도제라는 수련 기간을 끝내고 숙련된 기술을 가지게 되면 직공(職工, journeyman)으로 승급하였고, 비로소 급여를 받을 수 있었다.

직공이 되면 도제와 상황이 달라진다. 일단 급여를 받게 되며, 원하면 다른 가게로 옮겨서 일할 수 있게 된다. 예를 들면, 구두 직공은 자기가 도제였던 가게를 떠나 다른 구두 가게에서 급여를 받고 일할 수 있다. 반면 도제는 가게를 옮길 수 없었다. 도제가 가게를 바꾼다는 건 마스터를 바꾼다는 것인데, 이것은 사실상 불가능하였다. 동종 업종에 종사하는 마스터들은 다른 장인의 도제를 제자로 받아 주지 않았던 것이다. 왜냐하면 동일 직업의 장인들은 같은 길드(동업조합)의 동료였기 때문이다. 다른 장인의 도제를 자기의 도제로 거두는 것은 동료 장인을 자극할 수 있는 행동이었다.

한편 중세시대 길드는 무자격자들이 관할 지역에서 가게를 열거나 영업하는 것을 금지하였다. 무자격자란 길드의 정식 회원, 즉 장인이 아닌 사람을 의미하였다. 이 무자격자들이 가게를 내는 경우 길드 구성원들이 영업을 방해하거나 쫓아내었다.

그러면 직공들은 어떻게 해야 마스터, 즉 길드의 정식 구성원이 될 수 있었을까? 각 길드에서는 나름의 기술 검증 시험이 있었는데 이 시험은 직공만이 응시할 수 있었다. 이 시험에 응시하려는 직공들은 자신의 출품작(master-piece)을 제출하였고, 이것이 길드의 심사를 통과하면 마스터(master)의 자격을 획득하였다. 이후부터는 경제적 여력만 되면 자신의 가게를 개업하고 도제와 직공을 모을 수 있었다.

그러면 도제교육은 어떤 문제를 가지고 있을까? 문제점은 학습자가 주로 자신의 경험을 통해서 배우기 때문에 수많은 시행착오를 겪는다는 것이다. 특히 학습자가 적극적으로 배우지 않는 경우 시간만 허비하고 정작 기술을 습득하지 못할 가능성이 있다. 또한 기술의 숙련도가 개인의 역량에 달려 있기 때문에 숙련도의 격차가 기술자 간에 크다는 점도 문제이다. 도제교육을 통해 몇몇 사람은 명장(明匠)이라고 불릴 만큼 최고의 기술자가 되었지만, 모든 이가 이런 높은 수준의 숙련도에 도달하지는 못하였다.

하지만 중세 유럽에서 도제교육은 도제가 기술자로서의 상당한 자질과 고객관계에서 도덕적 양심을 발휘하도록 가르쳤다. 특히 장인은 자신이 소유한 모든 기능을 도제에게 가르칠 도덕적 책무가 있었다. 또한 도제를 자기 자식과 같이 대하며 그의 직업 기능만이 아니라, 도덕성과 교양에 대한 교육에도 관심을 기울이도록 권장되었다.

현대에도 인지적 도제학습이라 하여 도제교육 방식을 현대의 교수-학습에 적용하려는 노력이 이루어지고 있다. 콜린스(Collins)는 도제교육에서 이루어지는 교육과 학습의 단계를 체계화하고, 이를 현대 학교 장면에서 활용할 수 있는 단계로 재구성하였다. 그 단계는 다음과 같다.[1]

첫째, 시범 보이기(modeling)다. 이것은 교수자가 학습자에게 기능이나 활동의 시범을 보이는 것을 의미한다. 학습자가 이를 통해 그 기능이나 활동을 직접 시행할 수 있는 사전 준비를 한다.

둘째, 코칭(coaching)이다. 학습자가 활동을 수행하는 과정에서 교수자가 그에 대한 적절한 피드백을 제공하는 것을 의미한다. 이는 개별적 교수에 해당하며, 학습자의 상황과 수준에 맞추어져 이루어진다.

셋째, 비계(scaffolding)다. 학습자에게 현재 수행하는 활동이나 활용하는 기능보다 약간 어려운 과업을 부여하여, 이를 스스로 해결하도록 이끄는 방식을 의미한다.

넷째, 연계(articulation)다. 학습자가 지금까지의 과정에서 습득

---

1) 이성호(1999), pp. 221-222 참조.

한 지식들, 기능들을 연계하여 자신의 이해 수준을 높이고 적절한 태도를 형성하는 단계를 의미한다.

다섯째, 반성(reflection)이다. 학습자가 자신의 성취와 교수자의 성취를 스스로 비교하여, 자신의 미흡한 점을 발견하고 그에 대한 해결을 모색하는 것을 의미한다.

여섯째, 탐색(exploration)이다. 학습자가 스스로 새로운 활동 기법, 전략, 태도를 형성하는 것을 의미한다. 이 단계에 이른 학습자는 사실상 해당 기능이나 활동에서 교수자와 동일한 수준이나 그 이상의 상태에 이른 것으로 볼 수 있다.

도제교육이 현재에 영향을 미치고 있는 다른 경우는 독일 등에서 이루어지는 도제식 직업교육 체제에서도 찾아볼 수 있다. 독일에서는 직업교육의 일환으로 학교교육과 함께 직업현장에서의 실습을 활용하거나, 장인이 직접 학생들에게 기능을 가르치는 교육을 병행하고 있다. 우리나라에서도 1994년 공업계열 고등학교에서 2+1년이라 하여 2년은 학교에서 교육받고, 1년은 직업현장에서 실습하는 교육체제를 도입한 적 있다. 도입 이유는 공고생의 현장 적응력을 높인다는 것이었다.

2. 기사교육

중세시대의 기사(knight)는 국왕이나 성직자와 함께 유럽의 지도층을 형성하였다. 기사란 무장을 하고 말을 탄 이들을 가리키는 용어다. 기사로 활동하기 위해서는 기마술과 전투기술에 능통할 필요가 있었으므로 오랜 기간의 교육이 필수적이었다. 기사들은 어려서부터 일정한 교육을 받았고 기사로서의 능력을 인정받으면 국왕이나 영주 또는 유명 기사에게 기사서임을 받았다. 기사서임을 받은 이후 그는 한 명의 기사로서 활동하였다.

기사가 되려는 이들은 보통 7세 이후부터 가정을 떠나 궁정이나 영주의 저택에서 시동(侍童, page)생활을 시작하였다. 시동들은 영주의 종자로서 사냥이나 여행 등에 동행하였고, 귀부인을 모시면서 기사로서의 예절을 익혔다. 특히 이때 예절과 함께 읽고 쓰기를 비롯한 일반교양과 권투, 말타기, 검술, 수영 등의 기초적 전투기술을 습득하였다.

시동들이 청소년기(14세 이후)에 접어들면 본격적인 기사 수행에 들어갔다. 그들은 수행기사(squire)로서 스승 기사를 따라 다니며 실전 경험을 쌓았다. 때로는 마상시합(tournament)에 참여하기도 하고, 전투에 참전하는 경우도 있었다.

수행기사들은 이 기간에 실제 기사들이 하는 일들을 직접 경험하면서 기사로서의 능력을 갖추었다. 이때 기사 칠예(七藝: 일곱 개의 기예)라 하여 ① 승마, ② 궁술, ③ 수영, ④ 검술, ⑤ 사냥, ⑥ 체스, ⑦ 시 낭송을 배웠다.

이후 기사로서의 능력이 있다고 인정되면 기사로서의 서임을 받았다. 그들은 기사서임식, 즉 기사 입문식을 치렀다. 기사서임식의 핵심 절차는 서임식 주관자가 칼 등으로 수행기사의 어깨를 세 번 치는 것이었다. 기사서임을 받으면 수행기사는 한 명의 기사로서 다른 기사들의 동료로 활동하였다. 특히 유명한 기사에게 기사 서임을 받게 되면 매우 명예로운 것으로 간주되었다. 왜냐하면 기사서임식의 주관자는 그 기사의 능력을 보증하는 셈이었기 때문이다.

기사들에게 요구되었던 대표적인 행위 덕목에는 ① 교회의 수호, ② 과부와 고아의 보호, ③ 귀부인이나 숙녀를 위한 전투 수행, ④ 정의의 수호, ⑤ 신의 공경이 포함되었다. 또한 기사들의 예절과 교양은 유럽에서 신사도의 기원이 되었다.

중세 유럽의 기사교육의 특징은 교육의 전 과정이 학교가 아니라, 일상생활 장면에서 이루어진다는 점이다. 시동들은 궁정이나 저택에서 생활하면서 직접 영주나 귀부인들을 모시며 기사로서의 예절을 익혔다. 또한 수행기사가 된 후에는 스승 기사를 따라다니며 스승 기사와 함께 임무를 수행하였다. 기사교육은 생활 속에서 이루어진 교육활동이었다고 평가할 수 있다. 또 다른 특징은 기사서임식이 갖는 의미다. 기사서임은 한 명의 기사로서 인정받는 절차로, 기사서임식을 통해 수행기사에서 정식 기사로 신분이 변화하였다. 그리고 정식 기사가 된다는 것은 곧 자기를 가르친 스승 기사는 물론, 선배 기사들의 동료가 된다는 점에서 일종의 기사단 가입식의 성격을 띤다고 할 수 있다.

중세의 기사교육은 당시 다른 직업 분야의 도제교육과 유사한 요소를 가지고 있었다. 물론 계층도 다르고 직업의 성격은 상이하였지만, 교육이 이루어지는 방식은 유사하였다. 우선 제도화된 학교에서 이루어진 것이 아니었다는 점이다. 도제와 견습기사들은 학교에서 특정 프로그램이나 교과를 배우는 것이 아니라 장인과 스승 기사를 모방하며 학습하였다. 그리고 그 성취는 자신의 스승의 인정을 받아야 했다. 스승의 인정을 받은 후, 그들은 자격증을 취득하였으며 그 자격은 곧 그가 해당 분야의 전문가이자 직업공동체의 일원임을 의미하였다.

두 교육의 또 다른 유사점은 교육보다 학습이 학습자의 성장에서 중요하였다는 점이다. 즉, 우수한 기술자나 기사로 성장하기 위해서는 스승의 가르침보다 학습자의 노력과 역량이 더 중요하였다. 이는 현재와 같은 수준의 체계적 교육과정이나 프로그램이 정립되어 있지 않았기 때문이었다. 하지만 도제교육이나 기사교육보다 체계적으로 전문가를 양성하고 자격을 주는 교육체제가 중세에 태동하게 된다. 그것이 바로 대학(University)이다.

3. 대학교육

현재의 대학에서는 최첨단의 기술과 공학, 학문을 탐구하고 있다. 대학은 현대 산업사회 또는 정보화사회를 선도하는 교육기관이지만, 실상 그 역사는 현존하는 다른 어떤 학교보다 오래되었다. 대학의 역사는 거의 900년 전으로 거슬러 올라간다. 우리나라 왕조사로 보면 고려시대 초반에 해당한다. 중세에 확립된 대학이 900여 년이 지난 지금까지 번성하고 있다는 것은 매우 놀라운 일이다.

중세 유럽은 주지하듯이 가톨릭의 시대였다. 당시 가톨릭 성직자들은 세속 지배자 못지않은 권위와 권력을 가지고 있었고, 가톨릭 교회의 영향력 역시 지대하였다. 중세시대의 수준 높은 교육, 전문교육 역시 가톨릭 교회의 지원하에 이루어졌다. 대표적으로 가톨릭 교회의 교구학교(Christian cathedral schools)나 수도원 학교(monastic schools)에서 신학교육이 이루어졌다. 그러나 아직 대학이라고 할 만한 전문적 교육기관은 교회와 별개로 존재하지 않았다.

이런 중세 교육 풍토는 12세기를 전후해 서서히 변화를 보이기 시작한다. 12세기 전후에 유럽의 파리, 볼로냐 등지에서 전문적 학술을 가르치는 개인 교습이 시작되었던 것이다. 개인 교습의 교육 형태는 관할 주교의 허락만 있으면 누구나 학업이 가능한 체제로 출발하였다. 당시 선생들은 자신들의 명성에 의존하여 강의를 열었으며, 그들에게 돈을 지불하기로 하고 등록한 학생들을 가르치기 시작했다.

이런 개인 교습 형태의 교육이 최초로 대학으로 발전하기 시작한 지역은 파리였다. 파리는 당시 신학자들이 제자들을 개별적으로 가르치던 도시였다. 중세를 대표하는 신학자인 아벨라르(abélard)를 비롯한 다수의 신학자가 개별적으로 제자를 받아 자신의 이론을 가르치고 있었다. 이처럼 교수별로 각자 교육하는 방식이었기 때문에, 당시 대학은 오늘날처럼 캠퍼스나 지정된 강의실 등을 가지고 있지 않았다. 교수들은 필요한 경우 자신의 집이나, 대여한 건물에서 강의를 진행하였다. 학생들 역시 교수의 강의를 듣기 위해 교수가 지정한 공간에 갔다. 이처럼 초창기 대학은 아직 조직화된 체제를 갖추지 못했기 때문에 대학의 설립 시기를 특정하기 쉽지 않다.

흔히 중세 최초의 대학은 볼로냐 대학(University of Bologna)과 파리 대학(University of Paris)으로 알려져 있다. 그런데 왜 이 두 대학을 최초의 대학으로 언급하는 것일까? 하루라도 빨리 설립되었으면 그 대학이 최초의 대학이지 않은가? 이 의문의 해답은 앞에서 언급한 것과 같이 대학이 처음 만들어지는 과정에 숨어 있다.

중세 대학은 대학 경영자가 건물을 건축하고 교수를 고용하며 학생들을 선발하여 시작된 것이 아니었다. 중세 대학은 자연적인 교육공동체가 확대되는 방식으로 발전하였다. 유니버시티(University)의 어원인 라틴어 우니베르시타스(universitas)는 길드, 곧 동업조합을 의미하였다. 이처럼 길드 구성원의 수가 증가하는 방식으로 대학이 만들어진 결과, 명확하게 ○년 ○월 ○일이라고 설립 날짜를 지정하는 것이 무의미하게 되었다. 이 때문에 흔히 최초의 대학으로 파리 대학과 볼로냐 대학을 같이 언급한다.

이처럼 대학이 교수와 학생의 길드에서 발생함에 따라, 중세 대학들은 대체로 설립 연대나 날짜가 불분명하다. 영국의 옥스퍼드 대학의 경우, 홈페이지에 다음과 같이 자기 대학을 소개하고 있다.

> 영어권에서 가장 오래된 대학인 옥스퍼드는 고유하고 역사적인 기관이다. 설립 날짜는 명확하게 알려져 있지 않다. 하지만 1096년부터 이미 어떤 형태로든 옥스퍼드에서 교육활동이 이루어졌다. 그리고 1167년 헨리 2세(Henry II, 재위 1154~1189년)가 영국 학생들의 파리 대학 유학을 금지하면서부터 급격하게 발달하였다.[2]

----

2) 옥스퍼드 대학 홈페이지(http://www.ox.ac.uk).

그림 3-1   옥스퍼드에 대학 설립을 지원한 헨리 2세[3]

옥스퍼드 대학 설립은 헨리 2세가 파리 대학에 유학 중이던 영국
출신의 성직자들을 귀국을 명령한 것이 계기가 되었다. 헨리 2세는
이후 성직자들이 옥스퍼드에 모여서 신학을 계속 공부하게 했고,
이것이 옥스퍼드 대학이 크게 발전하는 계기가 되었다. 앞의 인용
문에는 설립 날짜가 명확하게 알려져 있지 않다고 나와 있다. 그
이유는 오늘날의 대학이 정해진 날짜에 개교식을 하면서 시작하

<hr />

3) 옥스퍼드 대학 홈페이지(http://www.ox.ac.uk).

는 것과 달리, 중세 대학은 교수와 학생의 조합이 점점 커지는 방식으로 출발한 데에 있다.

우니베르시타스와 길드는 도제교육에서 언급했듯이 특정 분야 전문가들의 조합이었다. 우니베르시타스가 다른 길드와 다른 점이 있다면, 길드의 목적과 구성원이었다. 우니베르시타스는 학문 탐구와 교육을 목적으로 하는 조합이었으며, 회원은 교수와 학생이었다. 보다 정확하게 말하면 교수 길드와 학생 길드의 두 길드가 합쳐진 형태가 우니베르시타스였다.

12세기 이후 교수 길드가 만들어진 이유 중 하나는 일부 신학 교수의 자질이 떨어지는 경우가 있었기 때문이었다. 예를 들면, 파리의 경우 아벨라르라는 중세시대 대표적 신학자가 신학 강의를 열면서 신학의 중심도시로 발전하였다. 이에 아벨라르를 모방하여 신학을 가르치는 이들과 신학을 배우려는 학생들이 파리에 모여들었다. 그런데 당시의 신학 교수들 중에는 그 수준이 떨어지는 이들이 간혹 있었다. 그리하여 파리의 신학 교수들은 자격 없는 이들이 신학 강의를 열지 못하도록 교수 길드, 즉 교수조합을 만들었다. 이 교수조합에서는 자기 조합에 속한 사람들만이 파리에서 신학을 가르칠 수 있도록 허용하였다. 이 조합은 교수들의 조직인 학과나 학부에 해당하는 것이라 할 수 있다.

한편 학생들의 경우도 조합이 필요하였다. 주로 외국인으로 구성된 파리 신학대학생들은 불량배나 상인들로부터 부당한 대우를 받거나 폭행을 받아도 호소할 곳이 없었다. 그들은 스스로를 보호하기 위해 같은 지역 사람들끼리 모여서 강의를 들으러 다녔다. 이런 학생들의 조직을 동향단(Nation)이라 부른다. 이들 동향단의

등교 모습은 마치 약한 물고기들이 몰려다니며 큰 물고기들의 공격을 피하는 것과 유사한 것이었다. 또한 이 학생 길드는 교수들과 강의료를 협상하는 등 학생들의 권익과 복지를 개선하는 역할도 담당하였다.

중세 대학의 운영방식은 크게 두 가지로 구분할 수 있다. 하나는 교수 길드가 대학의 전반적 운영에서 주도권을 쥐고 있는 경우다. 이는 파리 대학에서 볼 수 있다. 이와 달리 학생들이 대학 운영권을 장악하거나, 실질적인 운영자 역할을 담당하는 경우도 있었다. 그 대표적인 예가 볼로냐 대학이다. 볼로냐 대학의 경우는 대학생들의 대표가 대학의 장을 맡았고, 대학의 장이 교수를 고용하고 봉급을 주는 체제를 만들어 냈다. 이렇게 된 이유로 파리 대학과 볼로냐 대학의 학생 구성에서의 차이를 흔히 언급한다. 즉, 파리 대학의 경우는 가난하고 어린 학생들이 많았던 데 반해, 볼로냐 대학의 경우는 상류층의 귀족 자제들이 많았다는 것이다.

4. 대학의 학위와 자율권 보장

대학은 일정한 교육과정과 시험을 통과하면 학위를 수여하고 있다. 현재의 학위는 학사, 석사, 박사 학위로 구성되어 있는데, 이 또한 중세적 전통과 관련이 깊다.

최초의 유럽 대학인 파리 대학과 같은 중세 대학들은 대학교육을 성공적으로 마친 사람들에게 학위를 수여하였다. 당시 대학의 학위는 일종의 자격증으로서 교수 길드의 회원 자격을 의미하였다. 즉, 대학을 졸업하는 순간 졸업자는 교수 길드의 회원 자격을 획득하고, 따라서 자신도 자기를 가르친 교수들의 동료로서 제자를 받아 가르칠 수 있었다. 일종의 교수 자격증이자 교수조합 회원증이었던 셈이다. 학위(Magistri), 즉 졸업장은 대학의 교육과정을 충실하게 이수하고 시험 또는 논문 심사를 통과하여 그의 전문성을 대학교수들의 공동체인 길드가 보장한다는 의미를 지녔다. 졸업생의 자질은 교수 길드가 보장한 셈이었다.

초기 파리 대학의 졸업장(학위기)은 파리 인근에서 신학을 가르칠 권리를 의미하는 것이었다. 하지만 점차 파리 대학의 명성이 높아지고 유럽 대학의 모교(母校)로서 수많은 분교(分校)를 가지게 되면서 파리 대학의 학위기는 파리 이외의 도시에서도 가르칠 수 있는 교수 면허로 인정받게 되었다. 실제로 유럽의 명문대학들 중에는 파리 대학의 학생들이나 교수들이 이주하여 만들어진 분교들이 적지 않다.

중세 대학에 대해 당시 교황과 세속 군주들 역시 다양한 우대 정책을 폈다. 교황은 대학이 신학을 교육한다는 점에서 중시하였고, 세속 군주들은 자국민이 교육받는 곳이라는 점과 대학이 주는 경제적 이익 때문에 우대하였다. 농업 외에는 특별한 산업이 발전하지 않은 중세사회에서 대학은 수많은 외국인을 유치하는 중요한 장치였고, 그들이 쓰는 돈은 도시 경제의 중요한 기반이 되었던 것이다.

당시 파리 시에서도 파리 대학의 학생들을 우대하는 다양한 조치가 있었다. 특히 학생들을 우대하여, 학생들이 범죄를 저지를 경우 대학에서 선임한 재판관이 재판할 특권을 인정해 주었다. 이는 성직자들이 죄를 지을 경우, 교회에서 재판을 받는 특권에 필적하는 것으로서 대학생들의 매우 강력한 권리였다.

현대의 대학들은 중세 대학이 가진 많은 특권을 상실하였다. 학생들에 대한 법률적 보호 특혜와 국왕이나 정부의 교육비 지원도 적어지고 있다. 하지만 한 가지 달라지지 않은 것이 있다면 대학이 자신의 학문적 후세대를 양성할 독자적 권리를 여전히 가지고 있다는 점이다. 각 대학에서는 자신들이 정한 교육과정과 시험에 따라 학생들을 가르치고 졸업시킨다. 대학 졸업식에서 총장은 대학교수의 길드를 대표하여 자기 대학에서 양성한 제자들에게 교수들의 동료임을 증명하는 자격증인 박사, 석사, 학사 학위를 수여한다. 900여 년 전에 등장한 대학이 여전히 크게 달라지지 않은 모습으로 현재에도 유지되고 있는 것이다.

5. 중세 대학 체제와 중등교육의 등장

중세 대학은 당시 사회적 필요를 반영하여 전공 분야가 만들어졌다. 대표적인 전공은 신학, 법학, 의학이었다. 신학은 유럽의 중세 자체가 가톨릭에 매료된 시대였다는 점에서 중요할 수밖에 없었다. 신학을 공부한 신부나 수도사들은 사회 지도층을 형성하였다. 신학을 가르치는 학부가 바로 신학부였다. 신학부가 가장 유명했던 대학은 파리 대학이었다. 의학부는 이탈리아의 살레르노 대학이 유명하였다.

한편 법률 관련 일을 담당하는 전문가를 기르는 법학부 또한 중시되었다. 법학부가 유명한 대학은 이탈리아에 위치한 볼로냐 대학이었다. 볼로냐는 로마에서 가까운 도시로 당시 로마법 연구가로 유명한 페포(Pepo), 이르네리우스(Irnerius) 등의 법학자가 강의하던 도시였다.

일반적으로 중세 대학은 도시명에 따라 대학의 이름이 붙어졌고, 신학부, 법학부, 의학부의 세 학부를 두는 것이 보통이었다. 그런데 이 세 학부 말고 또 다른 학부가 있었다. 흔히 예과(인문학부, 기초교양학부)라고 부르는 이 학부는 일종의 하위 학부로서 상급학부인 신학부, 법학부, 의학부에 진입할 학생들을 교육하였다. 예과(豫科, 곧 준비과)라는 명칭에서도 드러나듯이 예과에서는 이후의 전공에 상관없이 모든 이가 당시 학문의 기초로 간주되었던 7 자유교과를 학습하였다.

이 7 자유교과는 고대 그리스 시대부터 중시된 교양교과들이었다. 7 자유교과는 언어와 관련된 문법(grammar), 수사학(rhetoric), 논리학(logic)의 3학(3學, trivium)과 대수학(arithmetic), 기하학(geometry), 천문학(astronomy), 화성학(music theory)의 4과(4科, quadrivium)로 구성되었다. 4과는 주로 수학과 관련이 깊었는데, 대수학과 기하학은 수학의 핵심 부분이었다. 또한 천문학도 당시 천체의 운동을 기하학적 운동으로 생각했다는 점에서 수학과 관계가 깊다. 마지막으로 화성학(和聲學) 역시 음악이지만 화음의 구성, 연결, 방법 및 음 조직을 수학적 방법으로 분석하는 분야였다.

요약하면 중세 대학은 예과에서 7 자유교과라는 교양과목을 배워서 학문적 기초를 닦았으며 이를 마치면 상급학부인 전공학부에 진학하여 학업을 수행했던 것이다. 이는 오늘날 대학 1, 2학년 시기에 교양과목을 학습하는 취지와도 유사하다고 할 수 있다. 차이가 있다면, 당시에는 예과를 졸업할 때도 예과 졸업 학위를 받았다는 것이다.

예과/인문학부의 교육은 전공 진입을 준비하기 위한 교육이었다. 그런데 이런 인문학부/예과의 교육을 받기 위해서도 배워야 할 것들이 많았다. 대학이 발전하면서 대학의 진학을 준비하기 위한 학교로서 중등교육이 발전하였는데, 이것이 현재 한국의 경우 중고등학교 교육으로 이어지고 있다. 교육사에서 보면 대학이 발전하자 대학교육을 뒷받침하는 중등교육기관이 분화·발전하였다. 중세 대학은 현대 대학교육은 물론 중등교육에까지 영향을 미쳤던 셈이다.

6. 대학 기능의 확장

현재 대학은 크게 세 가지 기능을 수행하고 있다. 우선 대학이 교육기관인 만큼 가장 중요한 기능은 교육 기능이다. 대학은 학문을 배우고 연구하는 사람들이 모여서 지식을 보존하고 전수하는 역할을 하고 있다. 대학은 교육을 통해 교양을 갖춘 전문인을 기르는 역할을 한다. 대학은 중세에 만들어진 이래 이 교육 기능을 가장 우선하여 수행해 왔다.

대학의 두 번째 기능은 연구 기능이다. 대학이 최고의 지식을 교육하는 것을 목표로 하는 만큼, 전문 지식을 생산하는 연구활동은 대학의 중요한 기능에 해당한다. 대학은 학술 연구의 성과를 가르침으로써 연구와 교육이 연계되고 있다.

대학의 연구 기능이 부각되기 시작한 계기는 프로이센이 설립한 베를린 대학(Humboldt-Universität zu Berlin)과 관련이 깊다. 1806년 나폴레옹과의 전쟁에서 패배한 프로이센은 전쟁의 패배를 딛고 일어서기 위한 목적에서 새로운 고등교육기관의 설립을 추진하였다. 당시 프로이센의 국왕 프리드리히 빌헬름 3세는 1809년 훔볼트 종무·교육국 장관의 제의를 받아들여 칙령으로 베를린 대학의 설립을 공표하였다. 대학 설립의 책임을 맡은 훔볼트는 신학부장 슐라이어마허, 철학부장 피히테 등의 의견에 따라 정치권력의 제약을 받지 않는 자유로운 연구를 위한 대학 설립을 결의하였다.

베를린 대학의 설립을 주도한 훔볼트는 독일의 혁신은 대학에서의 연구에 달려 있다고 믿었다. 그는 연구중심 대학으로서 베를린 대학을 기획하였다. 그런데 연구를 강화하기 위해서 필요한 것이 바로 연구의 '자유'였다. 훔볼트는 대학에서 자유롭게 연구할 권리를 강조하였다. 이런 연구의 자유는 교수와 학생 모두에게 적용되는 것이었다. 이에 따라 베를린 대학은 국왕이 설립한 국립대학임에도 불구하고 국가권력의 통제나 간섭을 받지 않고 자유롭게 진리를 탐구할 권리를 보장받게 되었다. 이런 연구의 자유는 현재 대학에도 중시되는 가치로 자리 잡고 있다.

대학의 세 번째 기능은 봉사다. 이것은 대학이 진리 탐구라는 연구 기능과 지식 전수라는 교육 기능 외에 지역사회나 국가의 요구와 필요에 봉사해야 한다는 것이다. 이는 대학의 사회적 참여를 의미하는 것이라 할 수 있다. 대학의 이 기능은 주로 미국식 대학의 전통과 관련이 있다. 19세기 말 미국에서는 「모릴법(Morril Act)」에 의거하여 토지 제공을 통해 대학 설립을 지원하였다. 이에 따라 많은 주립대학이 설립되었다. 정부의 토지 제공을 받아 설립된 주립대학들은 지역사회에 대한 봉사를 대학 기능의 하나로 설정하였다. 그리고 각 주의 주력 산업인 농업과 공업을 지원하고 육성함으로써 봉사 역할을 수행하였다.

현재 한국대학들은 대부분 교육, 연구, 봉사라는 이 세 가지 목표를 교육의 이념으로 설정하고 있다. 그러나 1990년대 이후 대학의 수가 급격하게 늘어나고, 대학생 수도 증가하면서 대학의 성격이 점차 변화하는 양상이다. 이전의 고등교육이 소수를 대상으로 한 엘리트교육의 성격을 지녔다면, 현재는 대중교육으로 그 위상이 변화하였다. 이에 따라 대학의 역할도 학문 탐구라는 연구 기능보다는 직업교육이나 취업이라는 현실적 교육을 지향하는 쪽으로 변하고 있다. 현재 한국대학이 대학생들의 관심사인 직업교육과 취업이라는 현실적 필요를 달성하는 것은 매우 중요하지만, 오로지 이것만을 추구한다면 대학이 설립된 맥락, 즉 학문의 탐구와 전문가의 양성이라는 본래의 목표를 등한시할 우려가 있다. 이것을 등한시하는 순간, 대학은 본래의 전통과는 전혀 상이한 곳이 될 것이다.

 참고문헌

이광주(1997). 대학사: 이념 · 제도 · 구조. 서울: 민음사.

이성호(1999). 교수방법론. 서울: 학지사.

장석민(1985). 중세시대 도제제도의 교육적 특징에 관한 연구. 직업교육연구, 4(1). 한국집업교육학회.

Boyd, W. (1994). 서양교육사(이홍우, 박재문, 유한구 공역). 서울: 교육과학사. (원저는 1921년에 출판).

Charle, C., & Verger, J. (1999). 대학의 역사(김정인 역). 서울: 한길사. (원저는 1994년에 출판).

Seibt, F. (2000). 중세의 빛과 그림자(차용구 역). 서울: 까치. (원저는 1987년에 출판).

옥스퍼드 대학 홈페이지(http://www.ox.ac.uk).

제4장

한국의 교육전통 1:
교육기관

학교는 선비를 기르는 것을 근본으로 한다. 선비가 아름다운 재주가 있으면
이를 길러서 성취하게 하는 것은 국가의 역할이다. 국가에서는 학교를 통해
선비들이 스스로 성장하여 자신의 가치를 높일 수 있도록 해야 한다. 자양
중기신(自養重其身), 이것이 곧 학교의 근본이다.

– 『증보문헌비고』, 「학교고」 –

이 장과 다음 장에서는 우리공동체의 교육 경험에 대해 다룬
다. 우리 공동체는 고대부터 교육에 대해 커다란 관심을
가지고 있었다. 경당이나 화랑도와 같은 고유한 교육기관이나 조
직을 구성하여 젊은이들을 교육하기 시작하였다. 또한 삼국시대
를 전후해서는 중국의 학교 체제를 수용하여 교육의 제도적 틀을
갖추었다. 이후 우리공동체는 이를 지속적으로 보완하면서 교육
에 관한 독자적 전통을 만들어 내었다.

그런데 과거의 한국 교육에 대하여 검토해야 하는 이유는 무엇
일까? 필자는 여기에 적어도 다음 세 가지 이유가 포함될 것이라
고 믿는다.

첫째, 우리공동체[1]의 과거이기 때문이다. 이것을 이유로 제시
하는 것은 과거 교육에 대한 탐구를 통해 우리가 속한 공동체에
대한 이해를 높이고 동시에 공동체 구성원으로서의 의식을 형성
할 수 있기 때문이다. 자신을 어떤 공동체에도 속하지 않는 '개인'
으로 간주하는 이는 그 자신의 개인사 이외에는 역사적 관심을 가
지지 않을 것이다.

둘째, 현재 우리공동체의 교육에 대한 반성과 성찰의 자료이기
때문이다. 과거의 교육은 현재 우리가 교육을 잘하고 있는지 혹은
진보시키고 있는지, 아니면 쇠퇴와 타락으로 이끄는지 성찰하는
기준이 될 수 있다. 종종 우리는 과거보다 현대가 더 뛰어나고 훌
륭하다고 믿는다. 필자가 보기에 이것은 종종 특정 측면에만 관심

---

1) 우리공동체를 어떻게 규정할 것인가도 중요한 고찰의 대상이다.

을 두어 생기는 좁은 식견이다.

셋째, 우리공동체의 성공과 실패에 대한 이해와 책임의 자각을 위해서다. 우리공동체의 과거 행적은 현대를 살아가는 우리에게도 일정한 책임과 역할을 요구한다. 가령, 현대 일본인들이 과거 아시아 지역에 대한 강압적 지배에 대해 보상을 할 수 없다고 주장한다고 하자. 그러면서 당시 강압적 행동을 했던 사람들이나 주동자는 모두 사망했다는 이유를 제시한다면 어떨까? 과연 현대 일본인들은 과거의 강압적 지배에 대한 책임으로부터 자유로워진 것일까? 이런 문제는 공동체 경험과 공과로서의 역사를 상정해야만 해결 가능할 것이다.

1. 국가의 교육지원 전통

유럽에서 국가가 국민 모두의 교육에 대한 책임을 져야 한다는 관념은 종교개혁 후에 다시 부활하였다. 이와는 약간 다르지만, 한국에서도 국가가 교육에 책임이 있다는 입장이 고대부터 유지되어 왔다. 물론 그 연원은 중국의 학교제도인 국학(國學, 태학, 관학)과 관련이 있지만, 이를 받아들이고 실제로 우리의 교육제도로 정착시킨 우리공동체의 노력은 높이 평가해야 할 것이다.

교육은 본래 개인에게만 이익이 되는 것이 아니다. 교육은 개인들로 구성된 사회에도 일정한 기여를 한다. 특히 사회의 지도층을 차지할 이들의 교육은 국가적 차원에서도 관심사가 될 만한 사업이었다. 이 맥락에서 전통시대에는 국가가 국왕을 보좌할 관리를 교육하는 일에 재정적·인적 지원을 해 왔다. 재정적 지원은 학교의 운영 경비를 지원하는 것이었고, 인적 지원은 현직 관료를 교사로 임명하거나 교사에게 현직 관료의 지위를 주는 것이었다.

삼국시대에 고구려와 신라에서 국립학교인 태학과 국학을 설립한 것은 국가가 이런 엘리트층을 대상으로 한 교육을 실시한 사례라 할 수 있다. 이 학교들은 수도에만 존재하였고, 지금의 국립대학교에 비하면 그 규모가 그리 크지 않았다. 이 학교들은 중국 주(周)나라의 학교제도를 모방한 것이라는 점에서 중국식 학교였다.[2]

중국식 학교가 고대시대부터 수용되었지만, 그것이 성공적으로 정착하는 데에는 상당한 시간이 걸렸다. 특히 중국식 학교가 우리의 교육현실에 부합하지 않는다는 매우 당연한 비판이 일부 관리들에 의해 제기되기도 하였다. 이 절에서는 고려시대에 제기된 국가의 교육 책임에 대한 논란을 살펴본다.

고려는 창업 후부터 국가 차원에서 수도와 지방의 교육 시설을 확충하기 시작하였다. 고려의 태조 왕건은 서경(西京)에 학교를 창설하고 정악(廷鶚)을 서학박사(書學博士)로 임명하였으며, 별도로 학원(學院)을 창설하고 6부(六部)의 생도를 모아 교수하게 하였다. 그리고 이들 학교에 비단을 하사하여 교육을 장려하였다. 이어 의(醫)학과 복(卜)학의 두 전공 분야를 설치하고 곡식 100석을 주어

---

2) 여기서 전래와 이식, 수용의 구분이 필요하다. 전래는 외래 문물의 유입을 표현하는 중립적 표현이고, 이식은 옮겨 심는다는 것으로 외래 문물을 타자가 강제로 보급하는 것을 의미한다. 예를 들면, 식민지 상황의 국가에는 이식이 자주 나타난다. 한편 수용은 적극적으로 외래 문물을 받아들이는 것으로 받아들이는 주체의 의지와 판단이 작용한 경우이다.

교육비로 쓰게 하였다.[3] 이후 수도인 개경에 국학인 국자감이 국왕의 명으로 설치된다. 고려 초 성종은 재위 11년(996년) 12월에 관리에게 "경치 좋은 장소를 택하여 서재와 학교를 크게 세우고 적당한 토지를 주어서 학교의 식량을 해결하도록 하며 또 국자감(國子監)을 창설하라"[4]고 명령하였다. 이 기록들은 고려 초 국왕들이 학교 설립에 참여하고 교육비를 보조한 기록으로서, 국가가 교육에 대한 일정한 책임을 지고 있었음을 보여 준다.

한편, 국가의 주도로 지방에도 드디어 국립학교들이 설립되기 시작했다. 인종 5년 3월에 국왕이 조서를 내려 "모든 주(州)에 학교를 세워 교육의 길을 넓히라"[5]고 지시하였던 것이다. 인종 5년의 이 조치는 당시까지 수도와 서경 등에만 설치되던 국립학교를 지방에까지 널리 확대한 조치라 할 수 있었다. 이는 수도 이외의 지역에도 교육기회를 제공한다는 점에서 중요한 의미를 지니는 사건이었다.

그러나 국가 차원에서 학교를 설립하는 것에 대해서 반대가 없지 않았다. 고려 숙종 7년(1102년) 윤 6월에 재상(宰相) 소태보(邵台輔) 등은 국학의 교육비가 많이 소요되며 중국의 제도를 우리나라에 실행하는 데 어려움이 있다는 이유로 국학의 폐지를 주청하였다. 이것은 당시 일부 관리의 국학에 대한 반감을 보여 주는 것이라 하겠다. 숙종은 이에 답을 하지 않음으로써 국학 지원정책을 계속 유지하였다.

3) 『고려사』, 권74, 「국학조」.
4) 『고려사』, 권74, 「국학조」.
5) 『고려사』, 권74, 「국학조」.

인종 대에는 국학인 국자감에 대한 지원 중단에 반대하는 학생들의 상소가 제출되었다. 인종 8년 7월에 국자감의 학생들이 국왕에게 글을 올렸는데 그 내용은 다음과 같다.

저희가 듣건대 어사대(御史臺)에서 아뢰기를 "국학에서 교육시키는 학생이 너무 많아서 공급하는 비용이 매우 많이 드니, 청컨대 품행이 단정하고 학업이 우수한 학생 몇 명만 추려서 재학시키고 나머지는 다 내어 보내기를 바랍니다"라고 하였다 하니 저희들은 국가를 위하여 애석하게 여깁니다. 대개 학문을 숭상하며 인재를 양성하는 것은 곧 나라를 다스리는 근본 정책이므로 옛 성현들이 반드시 이것을 먼저 힘쓸 일로 삼았던 것입니다. 공자(孔子)는 비록 지위를 얻지 못하고 사방에 두루 돌아다녔으나 오히려 3,000명의 인재를 양성하였으며 당(唐)나라의 한문공[韓文公: 한유(韓愈)를 말함]은 좌천되어 조주(潮州)를 다스렸는데 조주는 작은 고을이었습니다. 그러나 그가 말하기를 "주의 학교가 오래 폐지되어 중앙에 추천할 만한 학문 가진 인재를 구할 수 없으니 이것은 본 주의 큰 수치다"라고 하고 곧 수재(秀才) 조덕(趙德)에게 명령하여 주의 교육 사업을 주관하게 하고 생도를 모아 자기 봉급을 제공하여 식사비에 충당케 하였습니다. 더군다나 우리나라는 삼한(三韓)을 다 차지하여 부유하며 또 교육도 잘 하여 풍속과 문물(文物)이 3대(三代: 중국의 하, 은, 주)에 비길 만한데 국학의 학생이 200명에 불과하며 해당 기관에서는 경비가 든다고 삭감하려고 하니 이것이 어찌 유도(道)를 존중히 하고 선비를 우대하는 우리 왕의 뜻이겠습니까? 또 불교의 절은 서

울과 지방의 각처에 널려 있어 평민들이 여기에서 부역을 도피하
여 배부르게 먹고 편안히 살고 있는데 그 수가 몇 천만인지 알 수
없을 정도이지만 책임 맡은 자들은 이런 것은 한 번도 생각하지
않고 도리어 국학의 비용을 문제로 삼고 있으니 이것은 공정하고
지당한 논의가 아닙니다. 바라건대 폐하는 이런 의견을 물리치
고 채택하지 않기를 바랍니다. 이에 왕이 조서를 내려 옳다고 하
였다.[6]

당시 국자감 학생들은 국자감의 교육 비용을 축소하려는 어사
대의 주장을 비판하고, 불교보다 뒤처진 유학의 진흥을 위해서 학
문을 숭상하고 인재를 양성하는 것은 국가의 책임이라는 점과 중
국의 공자와 한유가 교육에 헌신한 사례를 들어 국가가 국학의 교
육 비용을 부담해야 함을 주장하고 있다.

국가가 학교교육을 지원해야 한다는 입장은 조선시대에도 계
속되었다. 특히 국가에서 운영하던 성균관(成均館)이나 향교 외에
도 사설 교육기관인 서원에 대한 교육비 지원은 조선 왕조의 교육
에 대한 커다란 관심을 반영하고 있다. 명종 대 풍기 군수를 지내
다 사직했던 퇴계 이황은 백운동 서원에 대한 국가의 지원을 요청
하였는데, 이에 대해 조정 대신들은 매우 우호적 태도를 보였다.[7]
특히 국가가 서원 교육비를 일부 부담해야 한다고 하면서도 감사
나 수령이 서원에 대한 단속이나 간섭은 하지 않는 게 좋겠다는
의견을 냈던 것이다. 이는 국가가 교육비를 지원하면서도 서원의

6) 『고려사』, 권74, 「국학조」.
7) 『명종실록』, 권10, 명종 5년(1550년) 2월 11일(병오).

교육이나 운영에는 간섭하지 않겠다는 입장이라는 점에서 매우 놀라운 것이다.

2. 우리나라 교육기관의 형성

1) 태학, 국학-국자감-성균관

한국 최초의 교육기관이 고구려의 태학(太學)이라는 것은 중고등학교 한국사 시간에 한 번쯤은 들어보았을 것이다. 태학은 어떤 교육기관일까? 태학은 고구려의 자생적인 고유의 교육기관이 아니라, 중국에서 학교제도를 수입해 설립한 교육기관이었다. 중국에서 태학은 본래 황제나 제후가 관리들을 양성하고 교육하기 위해 수도에 설치하는 학교였다. 고구려의 태학은 중국의 학교를 모방한 것으로서 주로 유학(儒學)을 가르친 곳으로 짐작된다.

태학에서 교육한 학생들은 누구였는가? 태학 설립에 대한『삼국사기』기록에 따르면, 372년 "태학을 세워 자제들을 교육하였다"[8]고 되어 있다. 이때 자제들이 누구인가가 관건인데, 고구려가 신분제 사회였음을 생각하면 태학에서 주로 공부한 학생들은 관리 후보생인 귀족 자제나 왕족이었을 것으로 짐작된다.

신라 역시 중국의 학교제도를 수입하였다. 신라는 통일 이전에는 화랑도를 통해 청소년들을 교육하다가, 통일 직후 중국식 학교

---

8) 『삼국사기』,「소수림왕조」.

인 국학(國學)을 설립하였다. 신라의 국학은 고구려의 태학과 동일한 위상을 지닌 학교였다. 『삼국사기』에서 신라의 국학에 대한 기록은 다음과 같다.

국학은 예부(禮部)에 속하였는데 신문왕 2년(682년)에 설치하였다. 경덕왕이 대학감(大學監)으로 고쳤으나 혜공왕이 옛 이름대로 하였다. 경(卿)은 1명이었는데 경덕왕이 사업(司業)으로 고쳤으나 혜공왕이 다시 경으로 칭하였다. 관등은 다른 경과 같았다. 박사(博士) 약간 명이었는데 수는 정하지 않았다. 조교(助敎) 약간 명이었는데 수는 정하지 않았다. 대사(大舍)는 2명이었는데 진덕왕 5년(651년)에 설치하였다. 경덕왕이 주부(主簿)로 고쳤으나 혜공왕이 다시 대사로 칭하였다. 관등이 사지에서 나마까지인 자로 임용하였다. 사(史)는 2명이었는데 혜공왕 원년(765년)에 2명을 더하였다.

교수하는 법은 주역(周易)·상서(尙書)·모시(毛詩)·예기(禮記)·춘추좌씨전(春秋左氏傳)·문선(文選)으로 나누어 이를 업(業)으로 삼도록 하였다. 박사 또는 조교 1명이 예기·주역·논어(論語)·효경(孝經)으로써 혹은 춘추좌씨전·모시·논어·효경으로써 혹은 상서·논어·효경·문선으로써 가르쳤다. 여러 학생들은 글을 읽어 세 등급[三品]으로 벼슬길에 나갔는데[出身], 춘추좌씨전이나 또는 예기나 또는 문선을 읽어 능히 그 뜻을 통달하고 아울러 논어와 효경에도 밝은 자를 상(上)으로 하였고, 곡례(曲禮)·논어·효경을 읽은 자를 중(中)으로 하였고, 곡례·효경을 읽은 자를 하(下)로 하였으며, 만약 오경(五經)과 삼사(三

史)와 제자백가(諸子百家)의 서(書)를 아울러 통달한 자는 등급
을 넘어 발탁하였다. 혹은 산학박사(算學博士)나 조교 1명을 뽑
아 철경(綴經)·삼개(三開)·구장(九章)·육장(六章)을 가르치게
하였다.

　무릇 학생은 관등이 대사(大舍) 이하에서 관등이 없는 자[無位
者]에 이르기까지, 나이는 15세에서 30세까지인 자를 모두 입학
시켰다. 9년을 기한으로 하되 만약 우둔하여 깨닫지 못하는 자는
퇴학시켰으며, 만약 재주와 기량이 이룰 만하나 미숙한 자는 비
록 9년이 넘어도 재학을 허락하였다. 그리고 관등이 대나마·나
마에 이른 후에 국학을 나가도록 하였다.[9]

이 기록에는 담당 책임자의 명칭, 교수자인 박사와 조교에 대한
언급 그리고 교육과정과 시험, 수학 연한 등에 대한 규정들이 자
세하게 제시되어 있다. 이런 신라의 국학체제는 이후 고려의 국자
감, 조선의 성균관으로 계승되었다.

　그러면 신라의 국학을 비롯하여 고려의 국자감, 조선의 성균관
은 오늘날의 학교와 무엇이 다르고 같을까? 물론 이 국학들은 교
육기관인 만큼 교육을 위한 제도와 공간을 갖추고 있었다. 교육과
정이나 학교 선발 규정, 평가 규정 등이 교육을 위한 제도라면, 강
의 공간, 도서 비치 공간, 기숙사 등은 교육에 필요한 공간이다.

　그런데 오늘날의 학교와 달리 국학에는 문묘(文廟)라 하여 유학
의 성인(聖人)들을 제사하는 공간이 존재하였다. 마치 종교시설처

---

9) 『삼국사기』, 권38, 잡지(雜志) 제7, 「직관(職官) 상편」.

럼 문묘에서는 정기적으로 제사가 치러졌다. 문묘의 제사에는 국학의 교관과 학생들이 참여하였는데, 종종 국왕도 참례하는 경우가 있었다. 특히 국왕이 참례하는 경우는 '친림(親臨)'이라 하였다. 국왕도 문묘의 제사에 참여하는 경우, 시학(視學)이라 하여 학교의 운영 상황을 점검하고 교관 및 학생들을 격려하는 활동도 같이 하였다. 이 시학은 현재의 장학(獎學)활동에 해당한다.

학교인 국학에서 이처럼 유학자들을 제사한 이유는 무엇이었을까? 이는 제사가 갖는 의미와 관련이 있다. 유교에서 제사는 후계자가 시행하는 의식이다. 예를 들면, 임금은 종묘(宗廟)에서 자신의 선조 임금들의 제사를 지냈고, 집안에서는 손자, 증손자 등 후손들이 선조들의 제사를 지냈다. 임금은 선대 임금의 정통성을 계승한 후계자이며, 집안의 손자, 증손자 등 역시 선조의 혈통을 계승하고 있다. 그러면 문묘 제사는 어떤가? 문묘 역시 국학의 교관과 학생들이 공자와 맹자 등 유학자들을 정중하게 제사하는 곳이었다. 문묘 제사에 참여하는 것은 곧 자신이 공자와 맹자의 후계자라는 것을 인정하는 의식이었다. 물론 국학의 교관 학생들이 이 유학자들의 혈통상 후계자는 아니었지만 일종의 인격적 후계자라고 말할 수 있다. 즉, 문묘 제사는 국학의 학생들이 스스로 공자와 맹자의 학문적 후계자라는 것을 몸소 보여 주고 자각하는 활동이었다.

그러면 고려와 조선의 국학 문묘에는 구체적으로 어떤 인물들이 안치되어 있었을까? 흥미로운 것은 중국 유학자들만 안치된 것이 아니라는 점이다. 우리나라의 유학자들 역시 문묘에 위패가 안치되어 있었다. 그 인물로는 최치원, 조광조, 김인후, 이황, 이

이, 김장생 등이 있다. 이런 부분은 문묘가 완전히 중국식의 것을 그대로 모방한 것이 아님을 잘 보여 준다. 문묘제도라는 외형은 중국식이지만, 그 안에는 한국적 요소들 역시 포함되어 있는 셈이다. 왜냐하면 중국의 국학에 있는 문묘에는 한국인 유학자들은 안치되어 있지 않기 때문이다.

조선 성균관에 안치된 한국 유학자에는 설총, 안향, 김굉필, 조광조, 이황, 이이, 김장생, 김집, 송준길, 최치원, 정몽주, 정여창, 이언적, 김인후, 성혼, 조헌, 송시열, 박세채 등이 있다. 성균관의 문묘에서는 112인을 제사 지내고 있지만, 지방 향교에서는 지역의 규모 혹은 향교의 규모에 따라 제사 대상자인 향사자의 수를 줄이는 경우도 있다.

신라의 국학, 고려의 국자감, 조선의 성균관으로 이어지는 국학의 변화를 정리하면 〈표 4-1〉과 같다.

〈표 4-1〉 국학의 변화

	신라	고려	조선
학교명칭	국학	국자감(성균감 등)	성균관
교관	박사/조교	박사/조교	박사/조교
학생	귀족	귀족	생원/진사
교육내용	유학/실무학/외국어	유학/실무학/외국어	유학[10]

10) 조선의 경우 실무학 및 외국어는 해당 관청에서 생도들을 교육하였다. 조선 초 전공별 교육기관 명칭을 정리하면 다음과 같다.
- 무학(武學): 훈련관
- 역학(譯學): 사역원, 향교
- 음양풍수학: 서운관

평가	독서삼품과		제술/강경
학교체제	-	경사육학(京師六學), 칠재(七齋)	구재(九齋)
수학연한	9년	제한 없음	제한 없음
문묘	○	○	○

2) 향교

국가의 수도가 아닌 지방의 교육 상황은 어떠했을까? 고려 초까지 지방에는 원칙상 국립학교가 존재하지 않았다. 여기서 원칙상이라는 말을 붙인 것은 고려 초 태조가 서경인 평양에 학교를 설치했다는 기록이 있기 때문이다. 그러나 이것은 북방정책을 중시한 태조 왕건의 특별한 행적이라 할 수 있다.

고려시대에 접어들면서 지방의 교육을 진흥하기 위해 보급하기 시작한 것이 바로 향교(鄕校)다. 향교라는 이름은 향(鄕)의 교(校)라는 의미로, 중국 고대 주나라의 학교에 연원을 두고 있다. 향교는 곧 가장 큰 지방 행정단위인 향에 설치된 학교라는 의미다. 주나라에는 〈표 4-2〉에 제시된 것과 같은 학교가 있었다고 전해진다.[11]

- 의학: 전의감, 혜민국, 제생원, 향교
- 율학(律學): 율학(사율원)
- 산학(算學): 산학(청)
- 악학(樂學): 장악원

11) 곽제가(2004), p. 35 참조.

〈표 4-2〉 서주(西周)의 학제 계통도

• 국학: 수도의 학교, 천자가 설립 · 운영	• 지방의 학교
– 성균(成均, 남학, 南學)	– 여(閭)에는 숙(塾)
– 상상(上庠, 북학, 北學)	– 당(黨)에는 상(庠)
– 벽옹(辟雍, 태학, 太學)	– 주(州)에는 서(序)
– 동서(東序, 동학, 東學)	– 향(鄕)에는 교(校)
– 고종(瞽宗, 서학, 西學)	

그림 4-1　전주향교 대성전

그림 4-2　동래향교 명륜당

향교가 보급되기 시작한 것은 고려 인종 5년(1126년)부터다. 인종은 지방에도 교육을 보급하기 위해 각 주현(지방 행정단위)에 향교를 설치하게 하였다. 향교의 입학 자격은 문무관 8품 이하의 자제만이 아니라 서인(일반인)에게도 허가되었다. 향교는 국자감과 마찬가지로 문묘가 설치되어 있었고, 국자감과 동일하게 봄·가을에 문묘 제사를 치렀다.

학교를 전 지역에 일시에 설립하는 것이 어려웠던 만큼, 고려 인종 때 모든 지역에 향교가 설치된 것은 아니었다. 처음에는 주요 행정구역에서 설치하기 시작하여 점점 그 수를 늘려 갔다. 그 결과, 조선시대에 들어와서는 일읍일교(一邑一校)라 하여 모든 군현 단위에 향교가 설치되었다. 이에 따라 조선시대 향교의 수는 320여 개를 상회하였다. 『경국대전』에 의하면 주부군현(州府郡縣)에 각 1교씩 향교를 설치하고, 그 교관(敎官)으로 주부에는 종6품의 교수(敎授)를, 군현(郡縣)에는 종 9품의 훈도(訓導)를 1명씩 임명하였다.

향교의 학생 정원은 지역의 규모에 따라 달랐는데, 유학 전공 생도의 경우 가장 큰 행정단위인 부(府), 대도호부(大都護府), 목(牧)에는 90명을, 도호부(都護府)에는 70명을, 군(郡)에는 50명을, 현(縣)에는 30명을 배정하였다. 당시 전국 향교에서 유학을 전공한 학생 수는 총 1만 4,950명에 달했다. 향교에는 유학(儒學)을 전공하는 생도 외에도 중국어를 전공하는 한학(漢學) 생도가 평양, 의주, 황주에 각 30명씩, 법률을 전공하는 율학(律學) 생도가 부, 대도호부, 목에 각 14명씩, 도호부에는 각 12명씩, 군에 각 10명씩, 현에 각 8명씩 배정되었다. 여진어를 전공하는 여진학(女眞學)

생도는 창성, 북청 등에 총 35명, 일본어를 전공하는 왜학(倭學) 생도도 부산포 등에 총 26명이 배정되었다. 향교는 유학만이 아니라, 국가에서 육성하는 다양한 분야의 전문교육을 담당하던 교육기관이었던 것이다.

그러면 향교에 재학한 인원은 당시 전체 인구의 몇 퍼센트에 해당할까? 조선시대의 인구에 대한 정확한 수치는 없지만, 대략 1,000만 명 정도였던 것으로 추정되고 있다. 1,000만 명 중 1만 5,000여 명이 학교에 재학하였다는 것을 계산하면 재학률은 0.15% 에 불과하다. 그런데 여기서 여성을 제외하고 계산하면 재학률이 2배로 증가하여 0.3%가 된다. 즉, 1,000명 중 3명이 향교에 재학하였다. 이 재학률은 2010년도 대학 재학률 6%(300만 명/5,000만명)와 비교하면 1/20에 불과하다. 하지만 1945년 해방 당시 한국에서 고등교육을 받던 인구가 7,000여 명인 것을 생각하면 당시 교육 상황에 대해 긍정적 평가를 할 수 있다. 해방 전후 인구가 2,000만 명인 것을 고려할 때 오히려 일제강점기보다 조선시대의 학교 재학률이 높은 셈이다.

한편 향교가 조선시대의 중등교육기관으로 규정되는 경우가 종종 있다. 이것은 타당하지 않은 면이 있다. 일단 한양의 성균관이 최고 수준의 교육기관이고 향교는 지역 학교라는 점에서 성균관보다 하급학교로 보인다. 그러나 성균관과 향교의 관계는 중고등학교와 대학의 관계와 다르다. 우선 향교와 성균관의 교육 내용이나 교육과정은 본질적 차이가 없었다. 모두 교재가 유학의 경전인 소학(小學)과 사서(대학, 논어, 맹자, 중용), 오경(시경, 서경, 주역, 춘추, 예기), 성리학서 등으로 동일하였다. 더욱이 향교를 졸업해야

만 성균관에 입학할 수 있는 것도 아니었다. 정확하게 말하면 일
정 기간 공부하여 자격을 취득하고 향교를 졸업한다는 개념 자체
가 없었다. 성균관과 향교가 굳이 차이가 있다면, 성균관은 생원
과 진사들을 중심으로 교육하였다는 점 정도다. 물론 예외도 있
었다. 성균관은 정원을 다 채우지 못한 경우 사학(四學)의 학생 중
에서 충원하였다. 또한 생원과 진사 중에는 성균관에서 수학하지
않는 경우도 존재하였다.

성균관은 고등교육기관, 향교와 서원은 중등교육기관, 서당은
초등교육기관이라는 도식은 현대의 학교체제를 지나치게 일반화
하여 과거 한국 교육에 적용한 결과라 할 수 있다. 종종 우리는 현
대의 상황을 과거에 그대로 투영하여 보는 경우가 있다. 이렇게
하는 것이 이해를 쉽게 하는 장점은 있지만, 자칫 과거의 모습을
오해할 여지가 있으므로 주의가 필요하다.

3) 서원: 조선의 대안학교

대안학교(代案學校)는 공교육체제와는 다른 교육을 추구하는
교육기관을 의미한다. 현재 한국의 경우, 교육부가 고시한 정규
교육과정이나 학교 운영 규정을 따르지 않고 독자적으로 운영하
는 것을 목표로 몇몇 학교가 운영되고 있다. 이들 학교는 공교육
체제와는 다른 목표를 지향하고 이를 실현하기 위한 교육내용과
교육방식을 독자적으로 개발·적용하고 있다. 우리나라에서 본
격적으로 대안학교가 등장한 것은 1997년이다. 이때 경상남도 산
청 지리산 자락에 우리나라 최초의 전일제 대안학교인 간디청소

년학교가 설립되었던 것이다. 초창기에는 대안학교 졸업자들이 국가 공인의 학력을 인정받지 못했으나, 특성화고등학교나 특성화중학교 제도가 도입되면서 일부 대안학교 졸업생들의 경우 학력 인정을 받을 수 있게 되었다. 대안학교는 본래 공교육제도에 적응하지 못하는 특수한 학생들을 대상으로 정규교육을 대신하는 경우가 대부분이었으나, 현재는 공교육과는 전혀 다른 교육목표나 인간상을 추구하는 학교도 등장하고 있다. 생태교육을 지향하는 대안학교 등이 그 예다.

대안학교는 국가가 운영하는 교육과는 다른 새로운 교육을 실천하는 학교라고 할 수 있는데, 이런 대안학교는 현재의 한국에만 존재하는 것이 아니다. 조선시대에도 민간에서 자신들이 표방하는 좋은 교육을 위한 학교가 출현하여 커다란 성공을 거둔 적이 있다. 현재의 대안학교가 한국 교육에서 아직 미미한 위치를 차지하고 있는 것과는 사뭇 다른 것으로 그 대안학교의 이름은 서원(書院)이다.

서원은 본래 중국 송대(960~1279)에 널리 확산된 교육기관으로서, 주희(朱熹) 역시 서원을 거점으로 제자들을 교육하였다. 서원은 일종의 사설 교육기관으로 볼 수 있다. 우리나라에서 최초의 서원을 설립한 사람은 주세붕으로 알려져 있다. 하지만 서원을 확산하고 정착시키는 데 가장 크게 기여한 인물은 퇴계 이황이다. 퇴계는 주세붕이 세운 백운동서원에 대한 국가의 지원을 얻어 내었고, 서원이 당시 성리학 교육을 실시하기 위한 방향을 설정하는 역할을 하였다.

퇴계는 관직 생활 중 당시 한양의 공교육기관인 사학(四學: 동학, 서학, 남학, 중학)을 둘러보고 매우 실망하였다. 그가 보기에 당시 관립 교육기관들은 올바른 선비를 길러 내는 곳이 아니었다. 다음은 퇴계가 한양의 사부학당을 둘러보고 쓴 소감이다.

스승과 제자 사이에는 마땅히 예의로써 서로 솔선하여 스승은 위엄으로, 제자는 공경으로써 각각 그 도리에 충실해야 한다. …(중략)… 근래 유생들이 스승 보기를 길 가는 사람 보듯 하고, 학교 보기를 주막집 보듯 한다. …(중략)… 학교에 스승이 들어오면 가르침을 청하기는 고사하고, 길게 누워서 흘겨보고 나오지도 않으며, 그 까닭을 물으면 공공연하게 "예복이 없습니다"라고 대답한다. 스승이 이를 바로잡으려 하면 이를 기이하게 여겨 무리 지어 욕하고 학교를 떠나며 "스승이 우리를 지나치게 간섭하니 견딜 수 없다"고 한다.[12]

이에 퇴계는 당시 관학을 대신하여 성리학(性理學)이 추구하는 교육을 충실하게 실천할 수 있는 교육기관이 필요하다고 생각하였다. 이때 그가 주목한 것이 바로 주세붕이 세운 백운동서원이었다.

그리하여 퇴계는 자신의 고향인 안동 지역을 중심으로 서원 설립 운동을 전개하였고, 성균관이나 향교와는 다른 교육을 실시하려고 하였다. 특히 그가 서원을 통해 실현하려고 했던 교육은 성인지학(聖人之學) 혹은 위기지학(爲己之學)의 교육이었다. 성인지

---

12) 『퇴계선생문집』, 「유사학사생문(誘四學師生文)」.

학이란 공자와 맹자와 같은 성인(聖人)이 되는 것을 목표로 한 공부를 의미한다. 성리학자들은 맹자의 성선설(性善說)과 사단확충(四端擴充)의 주장을 따랐기 때문에, 인간의 본성은 선하여 누구나 자신의 본성을 키워 가기만 하면 성인인 공자와 맹자와 같이 될 수 있다고 보았다. 이런 성인이 되기 위한 공부가 바로 성인지학이다.

한편 위기지학은 『논어』에 나타난 공자의 말에 근거한다. "옛날 배우는 사람들은 자기를 위해서 공부했는데, 지금 배우는 사람들은 남을 위해서 공부한다(古之學者爲己, 今之學者爲人)." 얼핏 이 말은 옛날 사람들의 이기적(利己的) 공부 태도를 비판한 것 같지만, 주희에 따르면 공자의 의도는 그것이 아니다. 공자는 복고주의를 지향한 인물로 그에게 과거의 전통은 '좋은 것'이었다. 주희는 공자가 말한 위기(爲己)는 자신의 학문적·도덕적 성장을 위해 공부하는 태도로 매우 훌륭한 것이라고 했다. 공부의 목표는 자신의 내적 성장에 있다고 보기 때문이다. 그러면 위인(爲人), 즉 남을 위해서 한다는 것은 무엇인가? 주희는 '남을 위해서 공부한다'의 의미를 남에게 인정받기 위해 공부하는 것이라고 해석한다. 즉, 남에게 칭찬을 받거나 남에게 인정을 받기 위해서 하는 공부를 위인지학이라 부르는 것이다. 구체적으로는 임금에게 인정받아 출세하기 위해서 하는 공부, 과거시험에 합격하기 위해서 하는 공부 등이 여기에 해당한다.

퇴계가 보급하기 시작한 서원은 이후 놀라운 성공을 거두었다. 조선후기에 서원이 약 600여 개가 전국에서 운영될 정도에 이르렀던 것이다. 이는 당시 조선의 향교가 약 320여 개 정도인 상황

그림 4-3   부산의 충렬사 안락서원

과 비교하면 놀라운 것이다.

퇴계 이황과 그의 제자들의 노력으로 역동서원 등 수많은 서원이 전국적으로 보급되었고, 국가에서는 이 서원들에 대한 지원을 하였다. 국가에서는 사액(賜額)이라 하여 서원에 서원 이름이 적힌 현판을 하사하는 한편, 토지, 노비, 서적을 하사하여 운영을 지원하였다. 서원은 사설 교육시설이었지만, 국가에서 일정한 교육비 지원을 받은 것이라 할 수 있다. 이후 숙종 대부터는 서원의 첩설(疊設)과 남설(濫設)이 논란이 되면서, 국가에서 서원의 설립을 제한하고 사액도 실시하지 않는 원칙을 적용하였다. 여기서 첩설이란 동일한 인물을 여러 서원에서 각기 제향하는 중첩 제향을 의미한다. 그리고 남설은 서원에 향사하기에는 인품, 학덕, 충의가 미치지 못하는 사람을 제향하는 형태를 의미하였다. 당시 일부 가문에서 자신의 조상을 추숭하기 위해 지역민의 동의 없이 서원을 설립한 경우가 이에 해당한다. 고종 대에는 이런 첩설과 남설을 이유로 전국에서 유명 서원(사우 포함) 47개소만을 남기고 모두 철폐하였다.

서원은 어떤 방식으로 교육하였을까? 오늘날에도 교육방식은 학교 등급에 따라, 교육목표나 내용에 따라 다르다. 서원의 교육 방식은 독특한 성격을 갖고 있었다. 현재 초·중·고생, 대학생 들은 매일 아침 일찍 등교를 하여 오전부터 오후까지 수업을 듣는 다. 수업은 40~50분 진행하고 쉬는 시간은 10분이며, 강의식 수 업, 토론 및 발표 수업, 실습 등 다양하다.

그러나 서원의 경우, 우선 매일 수업하는 전일제 교육이 아니 라 주기적 교육이었다. 서원의 원생들은 한 달에 한 번 혹은 보름 이나 열흘에 한 번 공부 모임을 가졌다. 이를 회강(會講)이나 강 회(講會)라 하였다. 회강이나 강회의 의미는 모여서[會] 공부한다 [講], 공부하는[講] 모임[會]을 의미한다.[13]

〈표 4-3〉 서원의 교육방식인 회강(강회)의 유형

- 월강(月講): 매달 1회 모임을 갖고 각자 공부한 내용을 토론
- 순강(旬講): 10일마다 집회
- 삭망강(朔望講): 보름마다 집회

조선후기에 보면 일부 서원에는 회강을 통해 강장(講長)과 원생 들이 경전에 대해 발표하고 토론하며 공부하였다. 이를 잘 보여 주 는 사례가 조선후기 성리학자인 화서 이항로의 「여숙강규」이다. 「여숙강규」에는 회강이 이루어지는 방식이 매우 상세하게 포함되 어 있다. 여기에 나타난 회강의 일반적 순서는 〈표 4-4〉와 같다.[14]

---

13) 김대식(2001) 참조.
14) 김대식(2011) 참조.

〈표 4-4〉 회강의 일반적 순서

- 진설(陳設): 자리배치
- 취립(就立): 입장
- 배강(背講): 자기가 공부한 경전을 암송한 후 해석하고 의견을 발표하면, 강장과 동료들의 질문과 의견을 들음
- 면강(面講): 정해진 서적을 읽은 후 해석하고 의견을 발표하면, 강장과 동료들의 질문과 의견을 들음
- 행다(行茶): 함께 차를 마시며 음식을 먹기
- 행상(行賞): 상벌을 부여
- 독계(讀戒): 공동 규약 읽기
- 파강(罷講): 종료 선언

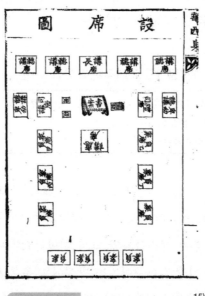

그림 4-4 회강에서의 자리 배치[15]

15) 『화서집』, 「여숙강규」.

4) 서당

마지막으로 한국에서 가장 오랜 역사를 가지고 있으며 지금도 존재하는 교육기관에 대해 이야기하고자 한다. 이 교육기관은 민간 교육기관으로서 대부분 소규모로 운영되었고, 자유롭게 설치되었다가 사라지기를 반복해 왔다. 또한 교육목표와 교육내용도 다양하였다. 이 교육기관의 이름은 서당(書堂) 혹은 글방이다.

서당은 교사와 학생으로 이루어진 가장 단순한 교육 기구로, 1인의 교사가 소수의 학동을 가르치는 형태가 일반적이었다. 이런 서당의 존재는 고구려의 경당에서도 짐작할 수 있다. 고구려에는 경당(扃堂)이라는 독자적인 지방 교육시설이 존재하였다. 경당에 대해서는 중국 측 역사서인『구당서』에 언급이 되어 있다.

사람들은 모두 배우기를 좋아하였다. 편벽한 마을의 없이 사는 사람도 각기 길가에 큰집을 지어 경당(扃堂)이라 불렀다. 그 자제들 가운데 미혼인 자를 주야로 여기에 주숙(住宿)케 하면서 독서와 활쏘기를 익히도록 하였다. 그 전적(典籍)은 오경(五經) 및 사기(史記), 한서(漢書), 후한서(後漢書), 삼국지(三國志), 진춘추(晉春秋), 옥편(玉篇), 자통(字統) 및 자림(字林) 등이 있었다. 또한 문선(文選)이 있어 특히 이를 중시하였다.[16]

경당은 '편벽한 마을의 없이 사는 사람도' 학습했다는 것으로 미

16)『신당서(新唐書)』.

루어, 태학과 달리 귀족 자제만이 아니라 일반 서민의 자제들도 교육을 받았던 교육시설로 추측된다. 경당은 촌락단위에서 아동 및 청소년들에게 글과 활쏘기를 가르쳤다.

이 기록에 따르면 경당에서는 중국의 역사서 및 유학의 오경(五經) 등을 학습한 것으로 되어 있다. 이런 교육과정은 중국의 영향을 받은 것이라 할 수 있다. 그런데 특이한 것은 활쏘기를 가르쳤다는 것이다. 활쏘기를 중시한 것은 고구려에서 무를 숭상하던 특성이 반영된 것이라 할 수 있다. 물론 중국의 학교에서도 대사례(大射禮), 향사례(鄕射禮)라 하여 활쏘기 의식이 있었지만, 활쏘기 자체가 교육과정에 포함되지는 않았다. 또한 중국 학교의 대사례 등은 몸을 단련하거나 전투기술을 익히기 위한 것이 아니라, 예의를 익히고 마음을 수양하는 예절교육의 수단이었다. 이런 점에서 고구려 경당에서 활쏘기를 가르친 것은 특별한 것이었다.

한편 고려시대에도 서당과 유사한 형태의 교육기관이 존재했던 듯하다. 이를 보여 주는 대표적인 기록이 송의 사신으로 왔던 서긍(徐兢)이 쓴 『고려도경(高麗圖經)』이다. 『고려도경』에는 당시 고려의 교육 상황을 다음과 같이 묘사하고 있다.

아래로는 여염항간(閭閻巷間)에 경관(經館)과 서사(書社)가 두셋씩 서로 마주보고 있다. 백성들 중 미혼자제들이 모여서 스승을 따라 경전을 배우며, 조금 더 장성하면 곧 벗을 골라 각각 무리 지어 절이나 도교의 사원에서 공부한다. 아래의 어린아이들[卒伍童稚] 역시 향선생(鄕先生)에게 배운다. 아아, 교육이 매

우 활발하다.[17]

조선시대의 서당은 매우 번성하였던 것으로 짐작되나 정확한 통계 자료가 없다는 아쉬움이 있다. 서당은 조선시대에 사숙(私塾)이나 글방, 서재 등의 명칭으로 불렸다. 서당은 대체로 아동을 대상으로 초보적 한자학습을 실시한 것으로 알려져 있으나, 반드시 그런 것은 아니었다. 서당 훈장의 수준에 따라 상당한 수준의 성리학서를 가르치거나 과거 준비까지 시키는 경우가 없지 않았다.

서당은 민간에서 자율적으로 설립하는 것인 만큼, 그 설립 형식이 다양하였다. 대체로 서당은 〈표 4-5〉와 같은 유형으로 분류하고 있다.

〈표 4-5〉 서당의 유형

- 사숙 또는 독서당: 유력 가문에서 자제들의 교육을 위해 훈장·숙사(塾師)를 초빙하여 교육하는 형태
- 동계 서당: 마을 단위에서 계를 만들어 서당을 만들고 아이들을 교육하는 형태
- 훈장 자영 서당: 훈장이 직접 서당을 설립하여 가르치는 형태
- 개량서당: 일제 강점기를 전후해 등장한 서당으로서, 한자만이 아니라 한글 및 다양한 근대교과들을 가르치던 서당. 사실상 초등교육기관의 역할을 수행함

---

17) 이마니시류 교정(1932), p. 218 참조.

5) 교육공동체에서의 교육

학교라는 제도화된 형태는 아니지만, 교육을 제공하는 공동체 역시 오랜 역사를 가지고 있었다. 앞에서 우리나라 최초의 공식적 교육기관은 태학이라 언급하였다. 그러면 그 이전에는 우리에게 모종의 교육체제는 전혀 존재하지 않았던 것일까? 필자가 보기에 는 그렇지 않다. 적어도 신라에는 국학 설립 이전부터 모종의 교육공동체가 교육을 수행하고 있었던 것으로 보인다. 그것을 보여 주는 것이 화랑도의 존재이다. 화랑도는 화랑과 낭도로 구성된 청년 집단이었다. 이 집단은 학교라고 할 수는 없지만, 화랑과 낭도 들이 집단을 이루고 공동으로 경험을 쌓고 성장한다는 점에서 교육공동체로 볼 요소들을 가지고 있다. 선후배 간에, 화랑과 낭도 또는 낭도와 낭도 간에 교육적 관계가 형성될 수 있기 때문이다.

신라시대 이후에도 교육공동체의 교육이라는 형태는 간헐적으로 나타났다. 그 하나가 12도(徒)다. 12도는 고려중기 유학과 문학의 교육을 진행한 교육공동체였던 것으로 보인다. 12도는 고려 중기의 문신인 최충이 만든 문헌공도를 필두로 11개의 도를 지칭 한다. 그런데 이 도는 무리, 학생을 뜻하는 말로 외형을 갖춘 학교 로서가 아니라, 특정인의 제자들을 가리키는 명칭에서 유래한 것으로 보인다. 12도 구성원들의 관계는 일종의 개인적 사제관계로 인식되어, 본래 소속되어 있던 도에서 다른 도로 옮기는 것은 스승에 대한 일종의 배신으로 여겨졌다.

인종 11년(1133) 6월에 결정하기를 "각 도(徒)의 유생 중에서 본래 수업(受業)하던 스승을 배반하고 다른 도에 옮겨 속한 자는 동당감시(東堂監試)에 응시하지 못한다"라고 하였다.[18]

한편 조선시대의 경우도 특정 유학자가 자신의 제자를 모아 교육하는 문인(門人)교육 형태가 형성되었다. 특히 조선중기 이후 성리학에 대한 연구가 심화되면서, 대표적 성리학자였던 퇴계 이황, 율곡 이이, 사계 김장생, 신독재 김집, 우암 송시열, 명재 윤증, 수암 권상하 등이 문인들과 함께 강학활동을 활발하게 전개하였다. 이런 문인교육은 당시 존재하던 공식적 교육기관들과 함께 성리학의 학문적 발전에 크게 기여하였다고 평가할 수 있다.

덧붙여 가학(家學) 역시 가족공동체가 교육을 주관하는 형태였다. 당시 여유 있는 가문에서는 가문 내 아이들을 모아 직접 교육하면서, 기본적 유학에 대한 소양과 가문의식의 형성에 노력하였다. 이런 가문 내 교육은 비록 학교제도만큼 체계적이지는 못했지만, 일부 가문에서는 선조로부터 학문적 전통이 계승되어 후손들의 학문적 성장에 크게 기여하는 경우도 있었다. 그리하여 가문 대대로 뛰어난 학자를 배출하는 경우도 적지 않았다.

18) 『고려사』, 권74, 선거2, 「사학(私學)조」.

참고문헌

경국대전.
고려사.
논어.
명종실록.
삼국사기.
신당서.
퇴계선생문집.
화서집.

곽제가(2004). 중국의 고대학교(이경자 역). 서울: 원미사.
교육인적자원부(2007). 대안교육백서. 서울: 교육인적자원부.
김대식(2001). 조선 서원 강학 활동의 성격: 회강과 강회를 중심으로. 교
　　육사학연구, 11. 교육사학회.
김대식(2011). 화서 문인공동체 강회의 실제. 교육사학연구, 21(1). 교육사
　　학회.
손인수(1966). 신라 화랑도와 서양 중세 기사도의 교육: 청년결사의 교육
　　을 중심으로. 교육학연구, 4. 한국교육학회.
우용제(1999). 조선후기 교육개혁론 연구. 서울: 교육과학사.
이마니시류 교정(1932). 선화봉사고려도경, 조선학총서 1. 경성: 고노자와
　　서점.
이만규(1988). 조선교육사. 서울: 거름.
피정만(2010). 20세기 서당교육연구. 서울: 하우.

제5장

한국의 교육전통 2:
시험과 교육과정

열한 번째는 과거에 응시하는 것이니, 과거는 비록 뜻있는 선비의 애써 구할 바는 아니나 또한 요즈음에는 그것이 벼슬에 나아가는 길이 되어 있다. 만일 도학(道學)에 온 마음을 쏟아서 나아가고 물러남을 예의로 하는 사람이라면 과거를 숭상할 까닭이 없지만 서울의 문물을 보고 과거에 응하게 되면 또한 성심으로 공부를 해야 하고 세월만 부질없이 보내서는 안 된다. 다만 과거의 득실 때문에 자신이 지키는 지조를 잃어서는 안 되며 항상 자신을 바로 세우고 도를 행하여 임금에게 충성하고 나라의 은혜를 갚을 생각을 하고 그저 구차스레 의식(衣食)을 넉넉하게 할 것이나 추구할 것이 아니다. 진실로 도를 지향하여 게을리하지 않고, 일상으로 행하는 일이 도리대로 따르지 않음이 없어야 한다.

– 율곡 이이, 『율곡전서』, 「학교모범」 –

현재 한국의 학생들은 시험 속에서 살고 있다. 시험에 따라 학습 계획을 세우며, 시험 결과가 학생들의 기쁨과 불쾌감을 결정한다. 심지어 일부 학생은 시험 불안을 호소하기도 한다. 대학을 졸업한 뒤에도 취직 시험에 합격하기 위해 시험 준비에 몰입한다. 한국 사회가 공무원이 아니더라도 취업하기 위해서는 시험을 통과할 것을 요구하고 있기 때문이다. 이 장에서는 한국의 시험 제도와 교육과정의 역사적 기원을 검토한다.

1. 과거제도

한국에서는 고려시대 초 국가에서 필요한 인재를 선발하기 위해 중국의 시험 제도인 과거(科擧)를 받아들였다(광종 9년, 958년). 우리나라에서 과거제도를 도입한 것은 고려 광종이었다. 당시 광종은 강력했던 공신 세력과 호족 세력을 견제하기 위해 가문이 아닌 능력에 따라 인재를 선발하는 과거시험을 전격적으로 수용하였다.

과거의 의미는 과목(科目, 전공, 분야)에 따라 선비를 거용(擧用, 선발)한다는 것이다. 과거는 집안이나 외모, 재산이 아닌 개인의 능력을 기준으로 관리를 선발하기 위한 제도다. 즉, 이전에는 좋은 가문 출신이나 부유한 사람들의 관직 진출이 용이했다면, 과거제도의 도입으로 능력 있는 사람들이 관직에 오를 수 있는 기회를 갖게 되었다. 이런 의미에서 과거제도는 능력주의를 표방한 인재 선발 제도라 할 수 있다.

과거제도는 교육을 유인 혹은 장려하는 장학(奬學) 기능도 수행하였다. 과거제도에서 시험하는 교과목이나 능력은 관리가 되고 싶은 이들이 반드시 학습해야 할 요소가 되었던 것이다. 이는 별도로 어떤 내용을 배우도록 국가에서 강제하지 않아도 학습하게 하는 유인 효과를 가졌다. 그런 의미에서 과거시험은 국가가 학교를 직접 세워 운영하지 않아도 백성들 스스로 학습하게 만드는 장학 효과를 가진 셈이었다.

과거제도는 관리를 선발하는 취사(取士)제도에 해당한다. 반대로 학교교육은 선비를 양성하는 양사(養士)제도로 볼 수 있다. 과거제도의 시행에 따라 학교는 양사기능, 과거시험은 취사기능으로 역할이 명확하게 구분되었다. 사실 신라시대에만 해도 국학에서 독서삼품과라는 인재 선발 기능까지 담당하였으므로 국학은 양사기관인 동시에 취사기관이었다. 그러나 과거제도가 시행됨에 따라 학교에서의 인재 선발기능은 제거되었다. 학교는 양성, 과거시험은 선발만을 각각 담당하게 된 것이다. 이것은 현재 교사를 양성하는 사범대학/교육대학과 교직과정이 교사를 선발하는 임용시험과 분리되어 운영되고 있는 것과 동일한 모습이다.

고려시대의 과거시험은 제술과[製述科, 진사과(進士科)], 명경과(明經科), 잡과[雜科, 의복과(醫卜科)], 승과(僧科) 등으로 구분되었다. 제술과는 문학적 역량을 평가하는 문장시험이었고, 명경과는 유교경전의 암송 능력과 이해 정도를 평가하는 시험이었다. 잡과는 다양한 기술학 분야의 시험으로서 율학(법학), 산학(수학), 역학(외국어) 등을 시험하였다. 고려가 불교를 숭상했던 만큼 승려들에게 관직을 주기 위한 목적에서 교종시(敎宗試)와 선종시(禪宗試)를 실시하였다. 고려의 과거시험에서 특별한 점은 무신(武臣)을 선발하는 무과(武科)시험을 실시하지 않았다는 점이다. 이것은 고려중기 무인(武人)들을 천시했던 풍조의 영향으로 보인다. 고려는 멸망하기 2년 전인 공양왕 2년(1390년)에 비로소 무과시험을 실시하였으나, 이것은 사실상 조선 창업의 흐름 속에 이루어진 것이라 할 수 있었다.

고려에서는 문신 선발시험 중에서 문장을 평가하는 제술과가 경전을 강학하는 명경과보다 중시되었다. 따라서 제술을 통해 관리가 된 사람은 명경과 출신자보다 우수한 자질을 갖춘 사람으로 평가되었다. 당시 고려인들은 뛰어난 인간의 조건을 문학적 재능에서 찾았기 때문이다.

그러나 고려후기를 전후하여 성리학(性理學)이 수용되면서 문학적 능력보다 유학 고전과 성리학 경전에 대한 이해를 높이 평가하는 경향이 나타나기 시작하였다. 특히 조선의 개국 세력들은 도덕성과는 무관한 제술시험보다 명경시험이 더 중요하다고 판단하였다. 이에 따라 그들은 기존의 사장(詞章, 제술)시험보다 유학 고전과 성리학 경전에 대한 이해 수준을 구두로 평가하는 강경(講經)시험을 더 중시해야 한다고 주장하였다. 특히 정도전과 조준 등은 대과[1] 문과시험의 초시와 복시의 초장(첫 번째 과목)을 강경으로 시행해야 한다고 주장하였다. 또한 소과에서도 제술을 시험

---

1) 대과(大科)란 과거시험 중 관리를 선발하는 시험을 의미한다. 대과에는 분야에 따라 문과, 무과, 잡과 등이 있었다. 한편 소과(小科)는 관리 선발시험이 아니라, 생원과 진사라는 일종의 명예 자격을 부여하는 시험이었다.

하는 진사시를 폐지하고, 강경을 통해 시험하는 생원시를 중시하였다. 하지만 세종 10년(1428년)을 전후하여 관리들의 도덕성이나 경전에 대한 이해 못지않게 실무기능인 글쓰기의 중요성이 다시 부각되면서 제술이 문과시험에 다시 포함되었고, 진사시도 다시 실시되었다. 그 결과 세종 25년(1443년)에는 문과 과거시험 규정에 강경과 제술 시험 모두가 포함되었다. 이후 조선에서 문신 관리가 되려는 사람은 제술 능력과 함께 경전에 대한 이해 능력 모두를 갖추어야 하였다.[2]

앞에서 과거시험은 능력 있는 사람을 관리로 등용하기 위한 목적을 갖는다고 말한 바 있다. 그런데 과거제도의 능력주의 지향에 관련해 한 가지 논란은 과거시험 응시 자격의 문제다. 과거시험에 대한 가장 흔한 비판의 하나는 과거가 양반이라는 특권층의 자제들만 응시한 사실상의 귀족 대상의 관료 선발시험이라는 것이다. 이것은 지금도 조선시대를 비판할 때 흔히 제기되는 주장이기도 하다.

그러나 과거시험을 양반만 응시할 수 있다는 규정은 조선의 법전 어디에도 나오지 않는다.[3] 조선의 법전『경국대전』에는 서얼, 천민, 범죄자의 과거 응시를 금지하고 있을 뿐이다. 서얼의 경우, 조선후기에 서얼차별이 축소되면서 과거 응시가 허용되었고 천민의 경우는 조선시대에 정식 시민으로서의 자격을 갖지 않았기

---

2) 박연호(1992) 참조.
3) 과거시험 응시자격을 양반만이 가지는가에 대해 역사학계에서는 1970년대 한영우, 이성무 교수를 중심으로 논란이 된 바 있다. 이 논란은 아직 해결되지 않았지만, 법률상 양반만 과거에 응시할 수 있다는 규정은 없다.

때문에 과거 응시를 금한 것으로 보인다. 그리고 범죄 경력이 있는 사람의 과거 응시를 금지한 것은 관리에게 남다른 도덕성이 요구되고, 또 백성들의 모범이 되어야 한다는 입장에서 보면 당연한 것이었다. 이는 현재 「국가공무원법」 제33조에서 공무원에 임용될 수 없는 결격 사유에 범죄 경력을 포함하고 있는 것과 유사하다.

물론 조선시대 빈민층이나 양인층이 실제로 과거에 응시하여 합격하기는 매우 어려웠을 것이다. 그러나 이는 경제적 빈곤과 문화적 자원의 빈약에 기인한 것으로서 조선이라는 국가 자체가 이들의 응시를 금지하는 것과는 전혀 다른 성격의 장애이다. 안타까운 비유이지만 현대사회에서도 경제적 빈곤과 문화적 빈약은 학생들의 학업 성취와 취업에 불리한 영향을 줄 가능성이 있다. 하지만 현대 우리 사회가 계급사회라고 말할 수는 없다. 이는 조선 사회의 성격을 평가할 때 유의해야 할 부분이다.

과거시험은 정기시험의 경우 3년에 한 번씩 실시되었다. 이를 식년시(式年試)라 하여 자묘오유가 들어간 해에 실시하였다. 이런 정기시험 외에도 국가에 경사가 있는 경우 특별시험인 별시나 증광시가 추가로 실시되기도 하였다.

문과시험 중 대과의 경우 3단계의 시험으로, 소과의 경우는 2단계의 시험으로 합격자가 결정되었다. 이 중 1차 시험은 대과와 소과 모두 응시자가 거주하고 있는 지방에서 실시되었다. 지방에서 실시한다 하여 1차 시험을 향시(鄕試)라고 부르며, 첫 시험이란 의미에서 초시(初試)라고도 부른다. 한편 성균관 학생들은 성균관 내에서 1차 시험을 치렀는데, 이를 관시(館試)라 하였다. 이렇게 1차 시험에 합격하면, 합격자들만 상경하여 2차와 3차 시험을 치렀다.

2차 시험은 지역의 인재들을 한 곳에 모아서 치른다는 의미에서 회시(會試) 또는 두 번째 시험이라는 뜻에서 복시(覆試)라고 불리었다. 소과인 진사시와 생원시는 2차 시험인 회시에서 최종 합격자가 결정되지만, 대과 시험의 경우는 3차 시험인 전시(殿試)에서 합격해야 했다. 전시는 임금이 주관하는 시험으로 2차 시험 합격자인 33명을 모아 시험을 치르고 장원(壯元)부터 33등까지 등수를 부여하였다. 특히 장원 급제자의 경우는 동료들보다 더 높은 관직을 받았는데, 암행어사로 특임되는 경우도 있었다.

조선시대 이런 과거시험의 모습을 판소리 춘향전에서도 엿볼 수 있다.

이때 이도령님은 서울로 올라가서 춘향 상봉하자는 마음 구곡에 맺고 맺혀 사서삼경 백가어를 주야 읽고 쓰니 짝이 없는 명필이라. 국가에 대경사로 태평과를 보이실 제 서책을 품에 품고 장중에 들어가 좌우를 둘러보니 억조창생 허다 선비 일시에 숙배한다. 어악풍류 소리에 앵무새가 춤을 춘다. 대제학 택출하여 어제를 내리시니 도승지 모셔내어 홍장 위에 걸어놓으니 글제에 하였으되, '춘당춘색고금동'이라 두렷이 걸었거늘, 이도령 글제를 살펴보니 평생 짓던 바라. 시지를 펼쳐 놓고 해제를 생각하여 왕희지 필법으로 조맹부 체를 받아 일필휘지 선장하니, 상시관시 글을 보시고 자자이 비점이요 귀귀이 관주로다. 상지상 등을 휘장하여 금방에 이름 불러 어주로 사송하니 천고에 좋은 것이 급제밖에 또 있는가? 삼일유가 한 연후에 전하께옵서 친히 불러보시고, "네 재주는 조정에 드문지라" 도승지 입시하사 전라어사를 제

수하시니 평생 소원이로다. 마패 하나 유척 일동 사모정 일벌 수
의 일벌을 내주시니 전하께 하직하고 본댁으로 나아갈 제, 철관
풍채는 심산맹호 같은지라.[4]

과거에 합격하면 부모에게도 큰 영광이었다. 과거 합격자는 은
영연이라는 국가에서 베푸는 축하잔치에 참석할 수 있었고, 축하
퍼레이드인 삼일유가에서 합격을 뽐내었다. 또한 고향에 돌아가
면 지역 수령이 나와 그를 축하하고, 그의 부모를 모셔 와 영친연
이라는 잔치를 벌여 주었다. 부모가 수령으로부터 축하잔을 받는
영친연은 커다란 영광이었고, 이런 영친연에 부모가 참석할 수 있
게 하는 것은 효도의 하나로 간주되었다.

조선의 과거시험은 갑오개혁 시기까지 실시되고 중단되었다.
그러나 시험하는 내용은 바뀌었지만 시험을 통해 관리를 선발해
야 한다는 원칙은 이후에도 지속되었다. 오늘날 사법고시, 행정고
시, 외무고시를 비롯한 각종 국가 공무원시험의 존재가 그것이다.
이들 시험은 현재에도 응시생의 학력, 신분, 나이 등을 제한하지
않고, 오로지 시험 성적에 따라 선발한다.

과거제도가 능력주의를 표방한 것이었지만, 다양한 부정행위로
인해 그것이 추구하던 능력주의가 유명무실했다는 비판도 적지
않다. 그러나 이점에 대한 필자의 생각은 약간 다르다. 과거제도
응시자 중에 실제로 부정행위를 저지른 자들이 있었다. 그러나 이
들 부정행위자에게는 엄격한 처벌이 부과되었다. 그리고 부정행

---

4) 〈열녀춘향수절가〉.

위를 방지하기 위한 다양한 조치가 개발되고 실행되었다는 점도 소홀히 여겨서는 안된다. 사실 어느 시험이든 부정행위자나 부정행위의 시도가 존재한다. 부정행위 시도가 있다는 것보다 중요한 것은 그것을 방지하기 위한 규정과 의지가 있느냐다. 조선의 경우는 필자가 보기에 부정행위를 방지하기 위한 노력을 계속하고 있었다. 부정행위자들을 처벌한 사례가 조선왕조실록 곳곳에서 발견되고 있기 때문이다.

또 하나의 비판은 조선사회는 원천적으로 신분제 사회였으므로 과거시험 자체도 특정 계층이나 신분에게 유리했다는 주장이다. 조선은 오늘날과 달리 양인, 천민의 구분이 있었고, 관리들은 특권을 가졌다. 하지만 이런 측면 외에 과거제도라는 능력에 의한 출세제도가 존재했다는 점도 함께 생각할 필요가 있다. 양인 혹은 농민이라 하더라도 과거에 응시할 수 있었고, 과거에 합격하기만 하면 관리로서 명예를 누리고 특권을 행사할 수 있었다. 물론 양인보다도 부유한 명문 가문의 자제들이 과거시험 합격에 유리했을 것이다. 그들이 남보다 좋은 교육환경에서 학습할 수 있었기 때문이다. 이것을 부정할 수는 없지만, 과거가 적어도 능력주의를 표방하는 개방적 제도였다는 사실에는 변함이 없다. 현재 한국 사회도 능력주의를 표방하는 사회이지만, 실제로 '개천에서 용이 나는가' 하는 논란이 되고 있다. 개천에서 용 난다는 것은 사회 정의의 측면에서 중요한 과제이다. 그러나 개천에서 용이 안 나는 문제의 원인을 시험제도 자체에서만 찾는 것은 타당하지 않다. 그 원인은 사회의 구조적 양상이나 교육환경에 있기 때문이다. 그러므로 조선의 과거제도 자체가 신분제를 강화한 것이라는 주장은 재고될 필요가 있다.

2. 성리학 교육과정

조선시대 교육에서는 어떤 인간을 기르려고 했을까? 가장 먼저 떠올릴 수 있는 것은 관리이다. 훌륭한 관리를 양성하여 국가에 기여하는 것이 당시 학교교육의 중요한 목표였다. 이 절에서는 교육목표를 달성하기 위한 성리학자들의 교육과정을 검토한다.

고려 말에 중국에서 수입된 성리학은 기본적으로 고대 유학에 뿌리를 두고 있다. 유학은 주지하듯이 중국의 공자(孔子)가 확립한 사상체계로 정치적으로는 덕(德)에 의한 통치를, 개인의 수양에서는 인(仁, 어짐)을 중시한 사상이다. 덕치는 흔히 왕도정치라고도 불리는데, 간단히 말해 백성들에게 도덕을 교육하여 올바르게 만드는 것과 자애로운 정치를 의미한다. 특히 공자의 사상은 후에 맹자(孟子)의 성선설(性善說) 및 의(義)의 정치론과 연계되어 유학사상의 근간이 되었다. 이에 따라 유학은 도덕적 인간인 군자(君子)가 정치를 보조하고, 왕은 수양을 통해 선한 군주가 되어 정치를 주관하는 것을 이상(理想)으로 여기게 되었다.

성리학은 이런 고대 유학에 기초하고 불교와 도교 사상의 영향을 받아 형성되었다. 성리학은 중국 송나라 때에 발전하였는데, 당시 유학은 불교와 도교에 밀려 정치기술이나 사회 도덕 정도로 간주되는 형편이었다. 이런 상황에서 몇몇 유학자가 중심이 되어 유학을 불교와 도교와 대등한 우주관, 인간학으로 격상시키려는 움직임이 나타났다. 송나라 때 활동한 주돈이, 정명도 · 정이천 형제가 그 대표적 인물들이다. 그리고 이들의 학문적 입장을 계승하여 집대성한 인물이 바로 주희(朱熹, 1130~1200)다.

주희는 19세라는 어린 나이에 진사가 된 것을 시작으로 관직생활을 하였다. 그는 관리로서 재임하면서 틈틈이 주돈이 및 정씨 형제로 대표되는 새로운 유학인 성리학을 발전시켰다. 그는 기존 유학의 취약점이었던 우주론과 형이상학 부분을 보완하였고, 성리학을 인간과 자연 현상을 설명하는 철학적 체계로 발전시켰다. 주희의 철학은 20세기 초까지 동아시아를 지배하는 지배이념으로 자리 잡았고, 주희는 주씨 선생님이라는 뜻인 주자(朱子)로 불리었다.

주희는 정치 사상가이기도 했지만 교육에 큰 관심을 가지고 있었다. 실제로 그 자신도 많은 제자를 길러 낸 교사였다. 주희는 자신의 사상을 『사서집주(四書集註)』라는 저서를 통해 정리하였는데, 이는 성리학 사상의 정수를 표현한 것이었다. 『사서집주』는 유학의 고전인 네 개의 책, 즉 사서에 대한 주희의 해설서라고 할 수 있다. 사서는 『대학(大學)』 『논어(論語)』 『맹자(孟子)』 『중용(中庸)』을 일컫는 명칭인데, 주희는 이 책들의 구절들에 대해 자세한 해설을 붙였다. 이 『사서집주』는 널리 보급되어 이후 유학을 공부하는 사람들의 필수 교재가 되었다. 주희는 더 나아가 이 사서를 공부하는 순서와 공부방법에 대한 지침 역시 확립하였다. 그는 사서 공부를 『소학(小學)』을 공부한 후 시작해야 한다고 보았고, 사서의 공부는 『대학』-『논어』-『맹자』-『중용』의 순으로 해야 한다고 하였다. 그는 이 책들을 순서에 따라 읽어 나가야만, 유학

의 체계를 철저하게 이해할 수 있다고 보았다. 이처럼 일정한 학
습 순서를 지정하고 그에 따라 학습하는 것은 현대 교육과정의 개
발이나 편성 시에도 가장 중요한 원칙이 되고 있다.

　이들 각 책은 각각의 학습목표가 있었다. 조선의 성리학자 율곡
이이는『격몽요결』에서 독서 순서와 교재의 의의를 다음과 같이
설명하고 있다.

　　먼저「소학(小學)」을 읽어서 부모를 섬기고 형을 공경하고 군
　주에게 충성하고 어른께 공경하고 스승을 높이고 벗을 친근히 하
　는 도리들을 하나하나 자세히 음미하고 힘써 실행하여야 한다.
　　다음에는「대학(大學)」과「대학혹문(大學或問)」을 읽어서 궁리
　(窮理)·정심(正心)·수기(修己)·치인(治人)의 도리에 관하여,
　하나하나 참답게 알고 실행하여야 한다.
　　다음에는「논어(論語)」를 읽어서, 인(仁)을 구하고 자신을 위
　하여 본원을 함양하는 공부에 관하여, 하나하나 골똘하게 생각하
　여 깊이 체득하여야 한다.
　　다음에는「맹자(孟子)」를 읽어서, 의(義)와 이(利)를 분명히 가
　리고, 인간의 욕심을 막고 하늘의 이치를 유지하는 설(說)들에 관
　하여, 하나하나 밝게 살피고 확충하여야 한다.
　　다음에는「중용(中庸)」을 읽어서, 성정(性情)의 덕과, 미루어
　서 이루는 공효와 천지가 안정하고 만물이 생육하는 묘리를 하나
　하나 완색(玩索)하여 얻는 것이 있어야 한다.[5]

5)『격몽요결』,「독서조」.

또한 주희는 엽등(獵等)이라 하여 책을 읽을 때 앞에서부터 차례로 읽지 않고 골라 읽는 것은 좋은 공부방법이 아니라고 보았다. 그는 각 책의 앞 장을 이해한 후에 다시 다음 장으로 나가는 공부 순서를 중시하였다.

주희는 맹자의 성선설을 계승하여, "누구나 선한 본성을 가지고 태어나며, 이를 잘 키워 내기만 하면 성인(聖人)이라는 도덕적 존재가 될 수 있다"고 가르쳤다. 이는 인간, 곧 학습자의 가능성에 대한 무한한 신뢰를 의미하는 것이었다. 그는 인간이 선한 본성인 성(性)을 가지고 있으며, 교육을 통해 이를 기를 수 있다고 보았다.

그에 따르면 인간의 마음은 크게 두 부분으로 구분된다. 하나는 선천적 도덕성이라 할 수 있는 성(性)이다. 성은 맹자가 사단(四端)이라고 표현한 측은지심, 수오지심, 시비지심, 사양지심과 관련된 인·의·예·지이다. 성은 인간의 마음에 내재된 도덕적 기준이라 할 수 있다.

한편 마음의 다른 측면은 정(情), 즉 감정이다. 주희는 인간의 감정을 일곱 가지라고 보았는데, 일곱 개의 감정이라는 이유로 칠정(七情)이라 부른다. 이 칠정은 희노애구애오욕(喜怒哀懼愛惡慾, 기쁨, 노여움, 슬픔, 두려움, 아낌, 싫어함, 탐냄)으로 구성되어 있다. 이 감정은 인간이 일상생활을 하는 과정에서 마음에서 움직이는 요소라 할 수 있다. 이 성과 정은 기본적으로 이(理)와 기(氣)와 관련이 있는데, 보통 성은 우주의 법칙인 '리'에서 온 것으로 보며, 정은 '기'가 영향을 크게 미치는 것으로 본다.

주희는 교육의 목표는 성인이 되는 것이며, 인간의 본성은 선하

므로 본성을 보존하고 나쁜 마음을 제거하면[이를 존천리(存天理),
거인욕(去人慾),[6] 존양(存養), 성찰(省察)[7]이라 부른다] 누구나 성인이
된다고 강조하였다.

그런데 여기서 한 가지 문제가 있다. 정말 누구든 노력하면 성
인이 될 수 있을까? 주희 자신은 정말 이것을 믿었던 것일까? 그
렇지 않다면 그는 왜 누구나 성인이 될 수 있다는 주장을 했던 것
일까? 실제로 많은 교사가 학습자의 능력과 가능성에 대해 절망
한다. 주희 자신은 교사이기도 했는데, 그의 주변에는 우수한 제
자들만 모여 있었던 것일까?

이에 대한 가장 그럴듯한 설명은 교사의 가르치는 행위 자체는
학생들의 발전, 성장 가능성에 대한 신뢰를 전제로 해야만 가능하
다는 것이다. 교사가 학생의 발전 가능성을 신뢰하지 않는다면,
그가 하는 행위는 벽에 대고 내뱉는 말과 다를 바 없다. 주희는 어
리석어 보이는 학생이라 하더라도 그 학생을 신뢰할 때 교육이 제
대로 이루어질 수 있다는 점을 강조하고 싶었던 것이다.

한편 주희는 공부 태도로서 거경궁리(居敬窮理)를 주장하였다.
이 중 거경은 마음을 항상 경(敬)의 상태, 즉 조심하는 상태를 유
지하는 것을 말한다. 그리고 궁리는 독서를 통해 세상의 근본 이
치를 탐구하는 것을 의미한다. 특히 경은 행동 하나하나를 엄숙하
게 하고 조심하는 것으로서, 이를 통해 마음이 바르게 되기를 기

---

6) 천리는 곧 인간이 가진 본성을 의미하며, 인욕은 마음에 생기는 과도하거나 부족한 욕구
   를 의미한다. 즉, 천리를 보존하는 것이 존천리이며, 잘못된 욕구를 제거하는 것이 거인
   욕이다.
7) 존양(存養: 본성의 보존)과 성찰(省察: 일마다 자신을 돌아보는 것)

대하였다. 경으로써 마음을 바르게 한다는 경이직내(敬以直內)인 것이다. 경은 또한 주일무적(主一無適), 정제엄숙(整齊嚴肅), 계신공구(戒愼恐懼) 등으로도 표현되는데 마음을 집중하여 잡념을 갖지 않는 것, 두려워하고 조심하는 것을 의미한다. 예를 들면, 독서할 때에도 무릎을 꿇고 앉는 경을 해야 올바른 독서방법이라 보았다.

성리학 공부는 크게 세 영역으로 구분되었다. 하나는 독서로서 경전을 읽는 공부이다. 독서를 하면서 학생은 성현들이 남긴 이치를 익히고, 그에 기초하여 자신의 마음을 반성하고 성찰하였다. 두 번째는 정좌(靜坐)였다. 정좌는 눈을 감고 명상하는 것으로 자신의 마음에 있는 잘못된 욕구나 악한 생각을 없애는 행동이다. 세 번째는 예(禮)의 실천으로 일상생활의 행동 규칙인 예를 몸으로 실천하는 것이다. 특히 예의 실천은 아동들에게 강조되었다. 아동들은 독서를 하거나, 정좌하기에는 어려움이 많았다. 그래서 아동들에게는 일상의 예의범절을 몸으로 실천하게 하였고, 이를 통해 마음이 올바르게 성장할 것이라고 보았다.

3. 교과외 교육과정

조선시대 교육기구에서는 앞에서 다룬 교과지도 외에도 학생들의 인성과 태도를 함양하는 교육과정을 제공하고 있었다. 이는 의도를 가지고 공개적으로 제시되었다는 점에서 소위 '잠재적 교육과정'과는 명확히 다르다. 이를 교과외 교육과정이라고 지칭하는 것이 적절할 것이다. 교과외 교육과정은 다양한 의례(儀禮,

ritual)로 이루어졌는데, 생도들은 의례들을 수행하는 과정에서 의례에 담긴 의미를 성찰하고 체득할 수 있었다. 한편 당시 향교나 서원의 의례들은 단지 소속 생도들에게만 개방된 것이 아니라, 지역민들도 참관이 가능하였다. 이는 당시 학교가 지역사회에 유교적 풍속과 가치를 보급한다는 교화(敎化)의 책무를 가지고 있었기 때문이었다.

여기에서는 학교에서 주관한 학교의례들의 형태와 의미를 간단히 고찰한다.

1) 학교의례

조선시대의 공식 교육기관인 성균관, 향교 그리고 서원에서는 다양한 의례를 수행하여 학생들이 유학적 지식인이자 실천가가 될 수 있도록 교육하였다. 당시의 학교는 생도들에게 단지 지적인 자극을 주는 것에 그치지 않고, 그들이 유학적 가치를 실천하는 인재가 될 수 있도록 지도하려 하였다. 이를 보여 주는 것이 다양한 학교의례들이다.

(1) 문묘향사 의례

조선시대 학교의례에서 가장 중요한 비중을 차지하는 의례다. 문묘란 공자를 비롯한 유학자들의 위패를 설치한 제사 공간이었다. 생도들은 문묘에서 향사의례에 참여함으로써 자신이 이 문묘에 제향된 이들의 학문적·도덕적 후계자라는 인식을 가질 수 있었다. 특히 이 문묘향사 의례에서는 학생들에게 경건성과 헌신이라는 덕목을 강조하였다.[8] 이는 성리학이 교육목표로서 공자와 같은 성인(聖人, Sage)이 되는 것을 지향한다는 점에서 당연한 것이기도 하였다. 생도들은 문묘향사에 참여함으로써 공자 등의 선현들을 위패라는 상징적 대상을 통해 대면할 수 있었다. 이는 종교적 측면과 교육적 측면이 공존하는 상태라 할 수 있을 것이다. 이런 문묘향사는 결국 유학 경전을 학습하는 강학(講學)과 유기적으로 연결된 것으로 평가할 수 있을 것이다.

(2) 대사례와 향사례

대사례(大射禮)는 성균관에서 거행한 의례로서 국왕도 참여하였다. 대사례는 말 그대로 활을 과녁에 쏘는 의례였다. 조선시대 대사례의 일반적 순서는 진설(陳設)-회례(會禮)-어사(御射)-시사(侍射)-상벌(賞罰)-예필(禮畢)이었다. 이 중 회례는 국왕과 종친, 신하들이 활쏘기 전에 서로 대면하여 술을 예에 따라 마시는 활동이었다. 이어지는 어사는 국왕이 먼저 활을 두 번 쏘는 것으로서, 이때 악사들이 음악을 연주하였다. 시사 역시 다른 참가자들이 두 번 활을 쏘았으며 음악이 연주되었다.

이런 대사례는 무예를 수련하거나 뽐내기 위한 의례가 아니었다. 또한 일종의 먹고 마시며 즐기는 유희의 행사도 아니었다. 대사례는 국왕 등이 예와 악에 맞게 활을 쏨으로써 보고 있는 이들에게 예악의 아름다움과 가치를 보이는 활동이었다.[9] 이런 점에서 교육적 활동으로 볼 수 있다.

---

8) 박종배(2003) 참조.
9) 박종배(2003) 참조.

한편 성균관에서 국왕이 참여하는 대사례를 시행했던 데 비해, 지역의 향교나 서원 등에서는 향사례를 실시하였다. 향사례의 절차나 의미는 대사례와 대동소이하였다. 향사례에서 지방 수령이나 향촌의 유지들은 지역민들에게 예악의 시범을 보여 주었다.[10]

(3) 향음주례

향음주례(鄕飮酒禮)는 술을 함께 마시며 연장자에 대한 존중심을 갖게 하고, 한시도 예에서 벗어나면 안 됨을 보여 주는 의례였다. 현재의 시선에서는 학교에서 술을 마신다는 것이 불경스러운 것으로 보일 수 있다. 하지만 당시 향음주례는 술을 마시며 오락이나 유흥을 즐기는 것이 아니었다. 향음주례에서는 엄격하게 행동을 규제하여 의례에서 벗어난 행동을 하는 이들은 처벌하기도 하였다.

세종시대의 『오례의(五禮儀)』 중 향음주의(鄕飮酒儀, 향음주례)의 부칙에는 다음과 같은 유의사항이 포함되어 있다.

향음주례의 시행은 나이 많고 덕을 갖춘 이를 숭상하고 예로써 사양하는 풍습을 일으키는 것이 목적이다. 행사 중에 시끄럽게 떠들거나 일어나서 술잔을 드는 자는 예(禮)로써 꾸짖고, 예를 어긴 자는 명부에서 삭제한다.[11]

이는 향음주례의 시행이 생도와 참관자들에게 일정한 교육목적

---

10) 박종배(2003) 참조.
11) 『세종실록』, 권133, 「오례」.

을 가진 것이었음을 명확하게 보여 주고 있다.[12]

 | 참고문헌

격몽요결.
경국대전.
맹자.
사서집주.
세종실록.

김경용(2003). 과거제도와 한국 근대교육의 재인식. 서울: 교육과학사.
미우라 쿠니오(1996). 인간주자(김영식, 이승연 공역). 서울: 창작과비평
　　사.
박연호(1992). 조선초기 교육의 목표와 강제시비. 교육사학연구, 4. 교육
　　사학회.
박연호(1994). 주자학 수용 이전 고려 사인의 교양. 교육사학연구, 5. 교육
　　사학회.
박종배(2003). 조선시대 학교의례 연구. 서울대학교 대학원 박사학위논문.

---

12) 박종배(2003) 참조.

제6장

공교육체제의 형성

평화를 위해 전쟁을, 여가를 위해 노동을, 고상한 것을 위해 필요한 것이나 유용한 것을 선택해야 한다. …(중략)… 사람들은 노동하고 전쟁할 줄도 알아야겠지만 더더욱 평화도 유지하고 여가도 즐길 수 있어야 하고, 필요하거나 유용한 것도 할 수 있어야겠지만 더더욱 고상한 것도 할 수 있어야 하기 때문이다. 따라서 어린아이들이나 교육이 필요한 다른 연령층을 교육할 때는 이런 목표를 추구해야 한다.

– 아리스토텔레스, 『정치학』 –

오늘날 한국 사회는 무상의무교육 체제가 확립되어 있다. 무상의무교육 체제는 우리공동체가 확립한 것이 아니라 유럽에서 만들어진 교육시스템에 해당한다. 이 장에서는 이런 무상의무교육 시스템이 유럽에서 확립되는 과정을 검토한다.

1. 유럽에서의 공교육체제 형성

서양에서는 국가에서 교육비를 지원해야 한다는 입장이 근대의 의무교육 사상의 발전과 함께 정착되었다. 물론 서양의 교육 전통에서도 국가가 교육비를 지원한 사례가 없지 않다. 그 대표적인 것이 고대 그리스의 스파르타였다. 스파르타는 그리스 도시국가의 하나로 국민들을 용맹한 전사로 기르는 것을 목표로 교육하였다. 스파르타에서 용맹한 전사는 국가를 수호하는 이들로서 반드시 필요한 시민이었다. 국가에서 필요한 전사였기 때문에 그들을 양성하는 교육 역시 국가에서 제공하였다. 스파르타에서는 아이들이 태어나면 건강한 아이만 선발하여 양육하였다. 그리고 7세 때부터는 군대식 조직에 아이들을 소집하여 군사 훈련과 스파르타의 전통과 규범을 가르쳤다. 그 교육방식은 잘 알려져 있듯이 훈육, 즉 체벌을 널리 활용하였다. 아이들은 아고개에서 교육받은 후 30세가 되면 정식 시민으로 인정받고 땅과 노예를 받았다.

그러나 고대 그리스에서 국가가 교육을 관장하는 것은 스파르

타의 경우였을 뿐, 스파르타와 경쟁 국가였던 아테네의 경우 교육
이 부모의 책임으로 간주되었다. 부모들은 자신의 능력이 되는 범
위 내에서 아들에게 음악과 체육을 가르쳤다. 아테네의 저명한 정
치가 솔론이 제정한 법규에도 교육은 부모의 의무로 명시되어 있
었다.

> 모든 아테네 시민인 자는 그의 아들을 체육과 음악에 대해서
> 교육할 의무를 갖는다. 이 법규에 위반하는 부모는 비난받아 마
> 땅하다. 따라서 부모가 아이에게 상당한 교육을 받게 했을 때만
> 이 아이가 성장 후 그 부모를 부양한다.

이처럼 교육은 부모의 책임이라는 관념이 고대 로마에까지 이
어졌다. 로마는 아테네의 문화적 유산을 계승하고 있었기에 교육
에 대한 관점 역시 계승하였던 것이다. 그러나 로마 후기에 황제
가 즉위하면서, 황제들은 로마 시민들에 대한 복지의 하나로 공립
학교들을 세워 보급하였다. 당시 공립학교의 규모나 구체적 양상
에 대해서는 자세히 알려져 있지 않으나, 로마가 멸망하면서 이들
학교 역시 쇠퇴하였다고 한다.

이후 중세사회에서는 교회가 일반 시민들에게 기독교 교리를
가르치는 수준의 교육이 이루어졌다. 교회가 교육을 일부 담당하
였던 것이다. 그런데 종교개혁이라는 대사건을 거치면서 교육을
누가 제공해야 하며, 누구에게까지 제공해야 하는가에 대한 관념
에서 변화가 나타나기 시작하였다. 종교개혁을 계기로 유럽에서
현대 공교육의 특징들이 차례로 등장하게 된다.

그림 6-1   마틴 루터

종교개혁의 대표자인 마틴 루터(Martin Luther, 1483~1546)는 가톨릭 성직자 신분으로서 당시 로마 가톨릭 교회의 모순을 비판하고, 개신교 운동을 시작하였다. 루터는 특히 일반 신도들이 성경을 반드시 읽어야 한다고 믿었고, 이를 위해 성경을 일반 신도들이 쓰는 언어, 즉 모국어로 번역하는 데 몰두하였다.[1] 그 결과 1534년 구약 및 신약 성서의 독일어판이 독일에서 발간되었다. 그런데 성경을 발행하는 것만으로 일반인들이 성경을 읽게 되는 것은 아니었다. 학식이 없는 일반인들이 모국어로 새로 번역된 성경을 읽도록 하기 위해서는 모국어의 읽고 쓰기를 가르칠 필요가 있었다. 종교개혁의 성공은 결국 일반인들의 교육에 달려 있는 셈

---

1) 종교개혁 이전에 기독교성경이 출판되지 않았던 것은 아니다. 다만, 성경이 라틴어(고대 로마제국의 언어)로 번역되어 있었기 때문에 라틴어에 대한 교양이 없는 사람은 읽는 것이 불가능하였다. 특히 당시 라틴어는 사어(死語)로서 일상생활에서는 쓰이지 않았기 때문에 일반인들에게는 낯선 언어였다.

이었다. 루터는 이를 이해하고, 모든 사람이 교육을 받도록 하기 위한 노력을 전개하였다. 그리하여 그가 주장한 것은 국가가 부모에게 자녀를 학교에 보낼 것을 강제하라는 강제적 의무교육이었다. 루터는 '자녀를 학교에 취학시켜야 할 것에 관한 설교'에서 이를 밝혔다.

> 부모가 그 아들을 교육시키는 것은 예루살렘이나 로마를 순례하는 것보다 훨씬 하나님의 뜻에 가깝다. 만약 정부가 전쟁 시에 국민들로 하여금 총칼을 들고 종군할 것을 강제할 수 있다면 그와 똑같이 국민에게 자녀들을 취학시키도록 강제할 수 있으며 당연히 강제해야 한다.

루터의 이 주장은 교육의 역사에서 획기적인 것이었다. 이제 교육은 개인이 받고 싶으면 받고 그렇지 않으면 안 해도 되는 것이 아니라, 구원이라는 삶의 목표를 이루는 데 있어서 필수적인 과정으로 간주되었다. 또한 부모들에게 도덕적 의무로 제시되었던 자녀교육이 국가와 부모의 강제적 의무로 규정되었다.

여기서 한 가지 흥미로운 점은 루터가 교육 제공의 책무를 '국가 또는 시(市) 당국'에 지운 것이다. 종교개혁 이전의 구원문제는 가톨릭 교회와 관련된 것으로서 가톨릭 교회에서 교리문답 준비를 통해 교육을 해 왔다. 그런데 루터는 무슨 이유로 교육의 책무를 교회가 아닌 국가와 시 당국에 지운 것일까? 그 이유는 종교개혁 과정에서 국가와 시 당국이 가톨릭 교회의 많은 재산을 몰수하였기 때문이었다. 국가와 시 당국이 종교개혁을 통해 확보한 재정을 종교개혁을 완성하는 교육에 투자해야 한다는 것이 루터의 생각이었다.

그러나 이 주장은 즉시 실현될 수 있는 것이 아니었다. 종교개혁 운동이 가장 먼저 확산된 독일 지역의 경우만 해도, 영주들은 영지 내의 모든 시민을 교육하는 데 난색을 표하였다. 의무교육에 소요되는 엄청난 비용을 부담하기 어려웠기 때문이다. 의무교육은 곧 무상교육을 전제로 한 것인 만큼, 의무교육을 시행하려면 학교 설립은 물론 대상자 전원의 교육비에 대한 지속적 지원이 필요했다. 영주들은 이런 부담에 난색을 표하고 의무교육 대신 무상교육을 먼저 시행하였던 것이다. 독일 작센 주의 라이스니히 도시의 예를 보면, 교사를 공무원화하는 한편, 비의무 공립무상학교 제도를 실시하였다.

루터의 의무교육 사상은 즉시 실시되지는 못하였지만, 이후 이를 실현하기 위한 노력들은 계속되었다. 그 상징적 성과가 바로 독일 고타(Gotha)에서 실시된 「고타교육령」이다. 개신교파 영주였던 고타의 영주 에른스트는 루터가 주장한 의무교육을 자신의 영지 내에서 실시하기로 결심하고 세계 최초의 공교육법인 「고타교육령」을 1642년에 발표하였다. 그 핵심적 내용은 다음과 같다.

제2장 제49조: 아동은 어떤 곳에서도 남녀를 불문하고 모두 예외 없이 통산 1년간 학교에 취학시키지 않으면 안 된다.

제13장 제361조: 부모는 5세 이상 12세 이하의 자녀로서 아직 문자를 읽지 못하는 자를 모두 취학시키지 않으면 안 된다. 그 의무를 태만히 하거나 또는 충실히 이행하지 않는 자는 사정 여하

를 묻지 않고 처벌받는다.

한편 같은 해 미국의 매사추세츠 주에서도 비슷한 취지의 교육
령이 제정되었다. 이 매사추세츠의 교육령은 1642년에 제정되고,
1647년 일부 개정되었는데 그 핵심적 내용은 ① 부모와 고용주의
취학 의무, ② 주 정부에 의한 학교설립 의무(공립학교의 제도화),
③ 주 정부의 학교교육 감독 권한 보유, ④ 세금에 의한 무상교육
실시였다. 특히 이 교육령에서 눈여겨볼 부분은 고용주에게도 학
령기 아동의 취학 의무를 규정한 부분이다. 이는 도제교육을 받거
나 직업현장에 있는 아동 역시 공교육의 대상으로 확대하려 한 노
력으로 볼 수 있다.

요컨대 종교개혁은 종교 혁신 운동으로 시작되었지만, 그 귀결
은 곧 교육의 혁신으로 이어졌던 것이다. 종교개혁을 계기로, 유
럽에서는 라틴어가 아닌 모국어 교육이 강화되기 시작하였고, 교
육의 제공자로서 국가의 역할이 강조되기 시작하였다. 이는 곧 무
상의무교육이라는 현재 공교육의 핵심적 성격이 형성되는 것을
의미하였다.

그러나 유럽과 미국에서 국가가 모든 국민을 대상으로 의무교
육을 실시하기까지는 아직 더 많은 시간을 기다려야 했다. 유럽에
서 다시 국민교육의 필요가 제기된 것은 1789년 7월 14일에 일어
난 프랑스대혁명 직후였다. 혁명 이후 프랑스혁명 정부는 국민들
을 교육할 필요를 절감하였다. 대중들의 정치 참여를 허용하는 추
세에 부응하기 위해서는 국민들을 국가가 나서서 교육할 필요가
있었던 것이다.

당시 이와 관련해 의미 있는 제안을 한 이가 바로 콩도르세 (Condorcet, 1743~1794)였다. 콩도르세는 본래 수학자로서 이름이 높았지만, 혁명의회의 일원으로서 공교육위원회에서 활동하였다. 그리고 그 과정에서 프랑스의 공교육에 대한 중요한 제안을 하게 된다. 그것이 1792년에 제출된 교육개혁안이었다.[2]

콩도르세는 이 개혁안에서 국가가 국민을 교육해야 하는 이유로 평등의 실현을 들었다. 그는 교육에서의 불평등이 상류층에 의한 독재를 낳는 씨앗이라고 보았다. 교육받지 않으면, 시민들이 부당한 독재나 강압에 대해서 적절하게 대응하지 못하고 자기의 권리나 이익을 지킬 수 없게 될 것이라고 본 것이다.[3]

그는 국가에 의한 완전 무상교육과 체계적 위계를 지닌 학제 제공을 주장하면서도 동시에 교육에 대한 국가의 정치적 개입을 반대하였다. 그는 교육을 가족과 지식인의 자율적 영역으로 보장해야 한다고 보았다.[4] 그런 이유로 그는 무상교육을 주장하면서도 의무교육이라는 강제 취학은 주장하지 않았다.[5] 교육에서의 비강제성을 중시한 것이었다.

콩도르세가 제안한 교육개혁안의 세부 내용 중 주요 내용은 다음 다섯 가지 요소로 정리할 수 있다.[6]

---

2) 정동준(1992) 참조.
3) 정동준(1992) 참조.
4) 이윤미(2014) 참조.
5) 이윤미(2014) 참조.
6) 이윤미(2014) 참조.

〈표 6-1〉 콩도르세의 교육 개혁안

---

1. 사회는 인민에게 공교육을 제공해야 한다.
2. 사회는 동등하게 다양한 직업에 관련된 공교육을 제공해야 한다.
3. 사회는 인류를 완성시키는 수단으로 공교육을 실시해야 한다.
4. 공교육은 지식중심 교육에 한정되어야 한다.
5. 남성에게 주어지는 교육은 여성과 공유해야 한다.

특히 다섯 번째 남녀평등교육의 지향은 교육사적 의미가 매우 큰 부분이다. 하지만 콩도르세의 이런 제안은 프랑스 의회에서 수용되지 못하였다. 그의 자유주의적 교육개혁안은 프랑스혁명의회에서 부정적으로 평가되었다. 그의 자유주의적 교육개혁안 대신 국가를 위한 시민의 헌신을 강조하는 국가주의적 교육개혁안이 채택되었다.

이후 프랑스는 나폴레옹(Napoleon)의 등장으로 다시 혁명 이전의 황제 통치로 회귀하였다. 나폴레옹은 집권 후 프랑스혁명이 추구하던 개인의 인권이나 자유, 평등보다는 국가에 대한 충성과 헌신을 강조하는 국가주의(Nationalism)를 더욱 강화하였다. 국가주의는 개인의 선택이나 인권, 자유보다 국가의 보존과 번영을 최고의 가치로 삼는 이념으로서, 국민은 국가의 구성원으로서 지위를 가진 것으로 간주되었다. 마치 개미와 벌들이 집단을 위해 희생하듯이, 국민들은 국가발전과 유지를 위한 도구로 간주되었다. 이런 국가주의는 교육에서도 국가를 중심에 놓고 있었다.

한편 프랑스혁명은 결과적으로 유럽의 다른 나라들에게도 국가주의적, 민족주의적 성향을 강화하게 하는 결과를 가져왔다. 프랑스혁명이 일어난 후 루이 16세가 처형되자, 유럽의 왕국들은 위

〈표 6-2〉 국가주의 교육의 성격

- 교육을 국민의 역량을 키우고 결집시키는 수단으로 간주한다. 국민들은 국가의 공동목표를 위해 단결해야 한다. 예를 들면, 경제 발전, 외침에 대항 등이 주요 목표이다.
- 국가가 교육을 통제하고 주도권을 가진다. 교육은 개인을 위한 것이 아닌 국가의 이익을 위한 것이므로, 이를 위해 국가가 교육을 감독하고 통제한다.

기감을 느꼈고, 프랑스혁명 정신의 확산을 차단하려고 하였다. 이 과정에서 프랑스와 반프랑스 국가들 간의 전쟁이 발발하였다. 이 전쟁의 과정에서 반프랑스 국가들은 자신들의 국가, 민족성을 재인식하게 되었다. 특히 독일의 경우 나폴레옹의 침략에 저항하면서 '독일국가' '독일민족' 의식이 발전하였다. 이는 곧 국가주의의 출현을 의미하였다. 이를 잘 보여 주는 것이 독일의 대표적 석학이었던 피히테(Fichte, 1762~1814)의 글 「독일국민에게 고함」이다. 피히테는 여기에서 독일교육의 개혁과 국가주의 교육을 강조하였다. 그는 국가주의 교육관에 입각하여 ① 교육을 통한 국민의 단결, ② 경제적 독립과 부의 증가, ③ 외부의 침입에 대항하기 위한 국민들의 애국심 고취를 주장하였다.

공교육은 종교개혁 이후 개인의 구원을 위해 국가가 시민을 교육해야 한다는 관념에서 출발하였다. 그러나 근대에 들어와서는 국가를 위해 국민을 교육해야 한다는 국가주의 교육관에 기반하여 공교육이 확산되었던 것이다. 이렇게 정착한 현재의 한국 공교육은 크게 다음과 같은 특징을 가지고 있다. 우선 공교육의 제공자는 국가로부터 위임받은 지방교육자치단체다. 이 지방교육자치단체에서는 국민의 세금으로 학교를 세우고 운영한다. 또한 교육내용은 모든 사람들이 공통으로 학습할 교과와 내용을 포함한다. 그리고 교육 대상은 남녀 모두를 포함한다.

한편 공교육 사상에 내재된 국가주의적 관점은 개인의 인권, 자유의 무시라는 점에서 심각한 한계를 가지고 있었다. 그러므로 현대 민주주의 사회에서는 국가주의를 대신하여 개인의 교육권을 인정하는 방향으로 변화하고 있다. 즉, 개인에게 군림하는 국가를 표방하는 국가주의 대신, 개인의 권리를 보장하면서도 공동의 가치나 이익에 대한 개인의 책임을 강조하는 공동체주의가 대두하고 있다. 이에 따라 공교육의 목표 또한 국가에 충성하는 개인의 양성에서 자신의 행복과 공동의 이익으로 변화하고 있다.

그러면 현재 한국교육이 추구하고 있는 교육의 목표에서는 개인과 공동체의 가치가 어떤 상태로 존재하고 있을까? 2015년 9월 개정된 「초 · 중등학교 교육과정 총론」에서는 한국의 공교육이 추구하는 인간상을 홍익인간으로 규정하고 있다. 그것이 추구하는 인간상의 세부 내용은 〈표 6-3〉과 같다.[7]

우리의 공교육이 추구하는 홍익인간의 인간상은 개인적 능력의 성장과 자아실현이라는 측면 외에도 인류와 공동체에 대한 책무를 강조하는 항목을 포함하고 있다. 공교육의 이런 지향이 실질적 교육과정을 통해 충실히 구현되어, 개인의 성장과 공동체의 건전성 유지에 기여하고 있는가는 성찰의 여지가 있는 부분이다.

---

7) 교육부(2015) 참조.

〈표 6-3〉 한국의 공교육이 추구하는 인간상

- 전인적 성장을 바탕으로 자아정체성을 확립하고 자신의 진로와 삶을 개척하는 자주적인 사람
- 기초 능력의 바탕 위에 다양한 발상과 도전으로 새로운 것을 창출하는 창의적인 사람
- 문화적 소양과 다원적 가치에 대한 이해를 바탕으로 인류 문화를 향유하고 발전시키는 교양 있는 사람
- 공동체 의식을 가지고 세계와 소통하는 민주 시민으로서 배려와 나눔을 실천하는 더불어 사는 사람

2. 공교육의 목표

교육이 사회적 목표를 가지고 있는 것은 분명하지만, 교육을 사회에 필요한 인간, 구성원을 만들어 내는 것으로 바라보는 것은 과도한 부분이 있다. 교육의 사회적 목표를 인정하면서도 교육이 개인에게 주는 기여, 이로움에 주목한 이가 있다. 그는 플라톤의 제자 아리스토텔레스(Aristotle, BC 384~322)였다. 아리스토텔레스는 기본적으로 플라톤과 마찬가지로 사회의 구성원을 길러 내는 교육의 사회적 기능에 대해서는 동의하고 있다. 그러나 이에 덧붙여 개인에게도 교육이 유익하다는 점을 강조하였다.

그에 따르면 교육은 사회를 위한 것이기도 하지만 개인이 좋은 삶을 사는 데에도 도움이 된다. 그가 생각한 좋은 삶(Eudaimonia, wellbeing, 잘삶)은 흔히 행복이라고 번역되는데, 그의 행복은 욕구가 충족된 상태 혹은 즐거운 상태를 가리키는 것은 아니다. 아리스토텔레스는 교육의 목표를 개인의 잘삶이라는 개인적 측면에

서 찾을 수 있다고 본 점에서 그의 스승 플라톤과 다르다.

그러면 그가 생각한 좋은 삶(잘삶, 행복)은 무엇이며, 교육과 무슨 관계에 있을까? 아리스토텔레스는 인간 삶의 궁극적 목표가 좋은 삶이라고 보았다. 그리고 이것을 누구나 동의한다고 주장한다. 인간은 누구나 '잘삶' '좋은 삶' 또는 '행복한 삶'을 목표로 살아간다. 개인이 하는 행동의 궁극적 목적(목적의 목적, 그 목적의 목적)이 무엇인지 따져 보면 그의 입장에 동의하게 된다. 돈을 버는 것도, 학교에 다니는 것도, 드라마를 보는 것도, 게임을 하는 것도, 친구를 만나는 것도 모두 왜 그 일을 하는지 물어보면 그것이 좋으니까 혹은 행복을 위해서라고 말할 수 있다. 이 점에서 인간의 모든 행동은 행복이라는 목적을 실현하기 위한 수단이다.

그러면 행복한 삶(잘삶, 좋은 삶)이란 무엇일까? 행복한 삶에 대해 아리스토텔레스는 매우 특별한 답을 한다. 그는 즐거운 삶을 행복이라고 보지 않는다. 그는 행복이란 인간의 목적을 실현하는 삶이며 인간 삶의 목적은 이성(logos)에 따른 삶이라고 주장한다. 모든 존재는 그 존재의 고유한 목적이 있고 그것에 도달하는 것이 행복이다. 인간의 경우는 다른 동물이나 식물과 기본적으로 유사하다. 하지만 그들이 가지고 있지 않은 고유한 본성을 가지고 있다. 그것은 바로 이성이다. 이성, 즉 생각하고 판단하며 진리를 파악하는 능력은 인간만이 가진 것으로 이에 따른 삶이 인간의 목적이다. 그런 이유로 그는 이성이 충실하게 성장·발전한 상태가 진정한 행복이라고 보았다. 아무리 물질적으로 부유해도 인간의 삶의 목적인 이성의 성장이 이루어지지 않으면 그 사람은 행복한 것이 아니다. 인간이 가진 본질이자 인간성인 이성이 실현되어야 행복한 삶을 살고 있는 것이다.

이런 아리스토텔레스의 목적론적 행복관은 오늘날의 사람들에게는 기이한 것으로 여겨질 수 있다. 오늘날 우리가 공감할 수 있도록 그의 주장을 번역한다면, 부유한 삶이나 쾌락으로 가득 찬 삶보다 (도덕적·지적으로) 가치 있는 삶을 사는 것이 진정한 행복이라는 의미다.

그러면 우리가 일상적으로 바라는 돈, 명예, 건강, 평화, 사랑 등은 행복과 무관한 것인가? 아리스토텔레스는 이런 것들이 인간이 행복해지는 데 도움이 된다는 점을 인정한다. 경제적으로 열악할 때, 병이 있을 때, 실연을 당했을 때, 인간은 행복하기 매우 어렵다. 그러나 아리스토텔레스는 이런 돈, 명예, 건강, 사랑 같은 외적 조건들이 행복 여부를 결정하는 것은 아니라고 본다. 돈이 많아도 불행할 수 있고, 명예를 얻어도 불행할 수 있으며, 사람

그림 6-2   아리스토텔레스

에 따라서는 경제적으로 어려운 가운데에서도 불행하다고 느끼지 않을 수 있다. 이것은 왜 그런가? 아리스토텔레스는 행복 여부가 개인의 품성(성품의 탁월성, 덕)에 따라 결정된다고 보기 때문이다. 그가 보기에 도덕적 지혜를 갖추고 좋은 성품을 가진 사람은 불운한 일을 겪어도 좌절하지 않으며 행운을 겪어도 지나치게 기뻐하지 않는다. 그가 보기에 돈, 명예, 권력, 건강은 행복의 외적 조건이지만, 그것들이 행복을 결정하지는 못한다. 예를 들어, 돈이 많아도 가난한 사람보다 불행하다고 느낄 수 있으며, 외모가 아름다워도 불행할 수 있다. 그가 보기에 인간을 행복하게 하는 것은 이런 외적 조건이 아니라, 개인의 성품에 따라 행복해질 수도 있고 그렇지 않을 수도 있다는 것이다. 그는 성품에 탁월성(덕)을 갖춘 사람이 행복할 수 있다고 주장한다. 성품의 탁월성을 갖춘 사람은 일마다 중용을 지키고 현명하게 사태를 판단하고 올바른 행동을 한다. 아리스토텔레스가 보기에 이런 사람들이야말로 진정 행복한 사람—잘 사는 사람, 가치 있게 사는 사람—이다.

한편 아리스토텔레스는 학문적 탐구가 주는 행복이 가장 중요하다는 주장도 덧붙인다. 인간은 고유한 목적인 이성이 최대로 실현되어 이성적 사고를 할 때 최고의 행복을 누린다. 그는 이것을 관조(봄)라고 불렀다. 이런 관조는 다양한 학문에 대한 탐구에서 얻어진다. 이것은 소수의 사람만이 도달하는 최고의 행복이다.

그의 주장을 따라가다 보면, 인간이 행복해지기 위해서는 교육이 절실히 필요하다는 결론에 도달한다. 물론 여기서 교육이란 수업을 듣거나 학교에서 교육받는 것을 의미하는 것이 아니다. 인간이 지식을 배워 이성을 기르고, 도덕적 판단을 하며, 도덕적 행동을 하도록 이끄는 일체의 과정이 곧 교육이다.

요컨대 아리스토텔레스는 어떤 형태의 교육을 통해서는 인간이 행복해질 수 있다는 매우 놀라운 주장을 하고 있는 것이다. 여기서 필자가 놀랍다고 한 것은 그의 주장이 행복을 즐거움으로만 이해하는 사람들에게는 납득되지 않는 것이기 때문이다. 현재의 교육이 즐거운 삶을 사는 데 도움이 된다고 믿는 사람이 얼마나 있는지 의심스럽다. 또한 이성적으로 행동하고 도덕적으로 행동하는 것이 행복하다는 것은 현재의 상식으로는 공감하기 어렵다. 현대인들은 흔히 이성적으로 사는 삶은 머리 아픈 삶이며, 도덕적 삶은 손해 보는 삶이라고 생각한다. 그러나 즐거움으로만 채워진 삶이 꼭 가치 있는 삶은 아니라는 아리스토텔레스의 주장은 곱씹어 볼 가치가 있다.

아리스토텔레스의 교육관을 보다 구체적으로 살펴보자. 그는 플라톤의 교육관을 계승하여 시민 양성으로서의 교육목표를 인정하는 동시에 개인의 성장과 행복이라는 교육의 목적 역시 강조한다. 그에 따르면 교육은 내부로부터의 발달에 의한 자기실현의 과정이다. 즉, 인간이 본래 가지고 있는 가능성을 충실하게 발전시키는 것이 바로 교육이다. 그의 인간관은 다음과 같다.

첫째로 인간에게 있어서 본성(또는 자연)이 달성하고자 하는 목적은 이성(reason and mind)이며, 따라서 시민의 출생과 도덕적 훈육은 그 목적을 위하여 계획되고 통제되어야 한다. 둘째로 육체와 영혼이 둘인 것과 마찬가지로 영혼에도 이성적인 부분과 비이성적인 부분이라는 두 개의 부분이 있으며 그 각각에 상응하며 이성과 욕망이라는 두 가지 상태가 있다. 그리고 육체가 그 생성의 순서로 보아 영혼에 앞서는 것과 마찬가지로 비이성적인 것이 이성적인 것에 앞선다. …(중략)… 그러므로 육체를 돌보는 일은 영혼을 돌보는 일에 앞서야 하며, 이 후자의 일과 더불어 욕망의 훈련이 시작된다. 그러나 욕망의 훈련은 반드시 이성의 발달을 위한 것이어야 하며 육체를 돌보는 일은 영혼을 돌보는 일을 위한 것이어야 한다.[8]

아리스토텔레스는 인간의 육체, 욕망, 이성의 발달에 맞추어 교육을 진행해야 한다고 본다. 인간의 첫 번째 교육은 육체의 단련에서 시작된다. 체육을 통해 인간의 영혼이 자신의 신체를 잘 통제할 수 있도록 교육하는 것이다. 이어서 영혼 중 욕망의 부분을 훈련한다. 욕망의 교육은 음악을 통해서 가능한데, 이를 통해 자신의 욕망을 억누르고 바람직한 행동 습관을 가지게 된다. 그가 강조한 음악의 가치는 다음과 같다.

인격이 훌륭한가 아닌가는 쾌락이나 고통과 밀접하게 관련되어 있다. 쾌락은 우리로 하여금 악(惡)을 행하도록 하며 고통은 선(善)을 행하지 못하도록 한다. 플라톤이 말한 바와 같이 쾌락과 고통을 각각 올바른 경우에 느끼도록 하는 훈련을 아주 어릴 때부터 받아야 하는 이유가 여기에 있다. 이것 이외에 따로 진정한 교육은 없다.[9]

---

8) Aristoteles(2009), 7장 참조.
9) Aristoteles(2011), 2장 참조.

고상한 것을 사랑하고 비천한 것을 증오하는 마음을 기르는
데에는 마음을 고상한 음악과 선율에 맞게 조율하는 것 이상으로
더 좋은 방법은 없다.[10]

우리는 음악을 들을 때 영혼이 달라지는 것을 느낀다. (예시)
만약 음악이 이러한 힘을 가지고 있다면 젊은이들을 교육하는 데
에 음악을 사용해야 한다는 것은 두말할 나위도 없다.[11]

음악이 좋은 습관 혹은 도덕적 성품을 기르는 데 도움이 된다는
생각은 매우 의외이다. 다만 선에서 쾌락을, 악에서 고통을 느끼
도록 한다는 부분을 보면, 그는 음악의 정서적 영향을 염두에 둔
것 같다. 또한 고상한 것을 사랑하고 비천한 것을 증오하게 하는
데 음악이 효과가 있다는 생각은 도덕교육의 가능성, 즉 선을 좋
아하고 악을 싫어하게 하는 데 일정한 영향을 미칠 수 있다는 점
을 암시한다.

아리스토텔레스가 음악교육을 중시한 데에는 그가 살았던 그리
스 시대에 음악교과가 매우 중요한 교과였다는 점도 반영되었다.
아리스토텔레스는 자신도 배웠고, 당시 사람들이 중시하던 음악
이 갖는 영혼 교육의 효과에 동의했던 셈이다.

영혼 중 욕망의 교육(욕망을 제어하도록 하는 습관을 길러 주는 교
육)이 이루어진 뒤에는 이성의 교육으로 나아간다. 이성의 교육의
최고 단계는 이성을 계발하는 자유교육이다. 자유교육이란 일상

10) Aristoteles(2009), 8장 참조.
11) Aristoteles(2009), 8장 참조.

생활에 필요한 기술이나 지식을 가르치는 것이 아니다. 자유교육은 사물의 본질을 통찰하는 상태에 이르게 해 주는 교육이다. 사물의 본질을 통찰하는 것은 인간의 삶의 목표이므로, 자유교육이야말로 인간의 최고의 목표인 행복을 가져오는 것이 된다.

그러면 자유교육은 무엇을 가르치는 것일까? 자유교육은 일상에서 사용하는 기술이나 지식을 가르치는 것이 아니다. 자유교육은 인간의 영혼을 자유롭게 하는 교육으로서 노예가 하는 생산활동과 무관한 교육이다. 아리스토텔레스는 직업기술을 배우는 것은 노예가 할 일이라고 본다. 자유교육은 이성을 훈련함으로써 사물의 본질을 관조하는 최상의 행복을 맛보게 하는 것을 목표로 한다. 물론 이 최상의 행복은 교육을 받은 뒤에야 그 진정한 가치를 안다는 점에서 처음 학습을 시작하는 사람이 그것을 실감하기는 쉽지 않다.

이런 자유로운 상태, 행복의 상태에 도달하기 위한 교육은 의외로 단순하다. 그는 직업과 무관한 자유교과를 배움으로써 인간성의 성장이 가능하다고 본다. 자유교과로는 문법, 수사학, 논리학, 대수학, 기하학, 화성학, 천문학이 있다. 아리스토텔레스의 이 결론은 우리에게 매우 의외이지만, 그는 적어도 교육이 사회를 위한 것만은 아니라는 점을 보여 주었다. 그는 교육이란 개인에게도 유익한 점이 있으며, 그것은 바로 더 나은 삶, 덕을 갖춘 삶을 살게 하는 것이라고 보았다. 교육은 개인적 관점에서 보면 내부로부터의 발달, 곧 자기의 가능성을 현실화하는 자기실현의 과정이다. 그의 이런 생각은 다음과 같이 요약할 수 있다. "인간에게 자연(Nature)이 달성하고자 하는 목적은 이성(reason and mind)이다.

따라서 시민의 출생과 도덕적 훈육은 그 목적을 위하여 계획되고 통제되어야 한다."

아리스토텔레스는 또한 인간이 정치적 동물이라는 점을 잊지 않는다. 이성적 인간을 길러 내는 교육은 사회의 목적을 실현하는 수단이 된다. 교육은 훌륭한 시민을 양성함으로써 국가의 안위를 보장하는 실제적 목적 역시 가지고 있다. 교육을 통해 인간은 시민으로서의 의무를 수행하는 데 적합한 사람으로 길러진다. 훌륭한 시민은 자신의 욕망을 억제하고 절제와 용기와 관용을 갖춘 정의로운 사람이다. 아리스토텔레스의 기여는 교육이 사회적 목표만이 아니라, 개인적 목표를 가지며, 이 두 목표가 연결될 수 있음을 선언한 것에서 찾을 수 있다.

3. 한국에서 초등보통교육의 확산

강제교육과 무상교육을 표방하는 의무교육 체제가 유럽에서 형성되고 있을 때, 우리나라의 교육에서도 변화가 나타났다. 특히 보통교육에 해당하는 초등 수준의 교육체제가 18세기부터 확산 일로에 있었다. 이런 보통교육의 확산을 주도한 교육 기구는 서당이었다.

앞에서 우리는 서당이 전통시대 사적 교육 기구, 보통교육 기구로서의 역할을 하였음을 살펴보았다. 서당은 18세기부터 점차 사대부의 자제 외에도 농민을 비롯한 양인 계층의 자제들까지 교육하는 초등교육 기구로서 확산되기 시작하였다. 양인들은 이때부터 적극적으로 자제들을 서당에 보내기 시작했다.

서당은 대체로 촌락을 단위로 운영되었으며, 이로 인해 서당은 촌락, 곧 지역과의 연계가 매우 강한 교육 기구로 성장하였다. 이는 서당의 명칭이 대체로 마을이름이나 지역이름을 사용하는 것에서도 볼 수 있다. 강원도 지역의 경우 서당이름에 마을의 이름을 붙여 큰골서당, 상평서당, 일곡서당, 비석거리서당, 웃못지울서당, 당숲서당, 세거리서당으로 불렀다.

조선후기 서당의 교육방식과 운영방식을 직접 확인하는 것은 어렵지만, 간접적으로 확인할 수 있는 방법이 없지 않다. 그중 하나가 김홍도의 〈서당도〉다. 김홍도의 〈서당도〉를 보면 10명 내외의 아이들이 서당에서 공부하는 모습을 볼 수 있다. 이 그림에는 다양한 연령대의 아이들이 등장하며, 그 중 한 아이가 훈장님 앞에 불려 나가 꾸지람을 듣는 상황이 묘사되어 있다. 훈장님이

그림 6-3   김홍도의 〈서당도〉

이 아이를 혼내는 것은 아이가 떠들거나 장난을 쳤기 때문이 아니다. 자세히 보면 아이 앞에 책이 놓여 있는데 이로 미루어 훈장이 가르친 내용을 복습하지 않았기 때문으로 보인다. 서당에서는 전날 배운 내용을 다 이해한 뒤에야 새로운 내용을 가르치는 것이 관행이었다. 이런 서당에서의 교육과 학습에 대해 검토해 보자.

서당의 학생 수는 현재의 초·중등 학급보다 매우 적었다. 대체로 지역에 따라 차이가 있었지만 15명 내외인 경우가 많았다. 학생들은 우리 나이로 8세 정도에 서당에 입학하였다.

서당에서 가르친 교재는 한자 수학서인 『천자문』, 인성교육용 교재인 『계몽편』 『동몽선습』 『명심보감』 『소학』, 역사서인 『통감』 등이었다. 일제강점기에는 여기에 덧붙여 한글과 지리, 일본어 등을 추가로 가르친 경우도 발견된다.

서당에서 한자수학서와 다른 교재를 가르치는 방식은 다음과 같다. 훈장이 학습할 아동을 훈장 책상 앞으로 부른다. 호명된 아이는 훈장 앞에 책상을 사이에 두고 마주 앉아 공부를 시작한다. 가장 먼저 훈장이 서상대로 글자를 짚어 가며 글자의 음을 일러준다. 이어 훈장이 먼저 음을 읽으면 아이가 음을 따라 읽고 토를 익힌다. 다음에는 그 뜻을 배운다. 이어 음독과 훈독을 번갈아 하며 외울 수 있는 정도까지 학습한다. 다음 날 훈장 앞에서 책을 보지 않고 암송해야 하기 때문이다.

아이들은 훈장의 지도를 받지만, 자신보다 공부 진도가 빠른 다른 아이들에게도 지도를 받았다. 예를 들어, 서당에 신입생이 들어오면 훈장은 그 아이보다 몇 달 먼저 입학한 아이에게 지도하도록 하였다. 이런 방법을 전학(轉學)이라 한다. 학업 수준이 높은 학생이 그보다 낮은 학생을 가르치게 하는 학습 방법이다. 혹시 모르는 것이 생기면 훈장에게 직접 질문하지 않고, 앞 학동에게 묻고, 그 학동이 모르면 다시 그 앞 학동에게 묻고, 최종적으로 훈장에게 묻는 방식이었다. 전학은 훈장의 노고를 덜어 주는 의미도 있었지만, 이를 통해 서당 학동들은 서로 친밀한 관계를 쉽게 형성하였다. 또한 가르치는 학동 역시 자기가 전에 배운 것을 다시 복습하는 효과와 가르치면서 새로운 것을 이해하는 교학상장(敎學相長)의 효과가 컸다.

서당의 교육과정이나 방식에 대해 국가에서 명시적으로 지시하거나 고시한 바는 없었다. 그럼에도 서당의 교육과정이나 방식은 대체로 전국에 걸쳐 균등했을 것으로 보인다. 이는 강원도 등 오지나 벽지의 서당에서조차 다른 지역과 다르지 않은 교육방식을 보이고 있는 것에서도 추론할 수 있다.

개화기 이후에도 서당은 상당 기간 초등교육 역할을 수행하였다. 일제강점기에는 오히려 번성할 정도였다. 일본총독부가 조사한 바에 따르면 서당의 재학생 수는 1920년까지 꾸준히 증가하여 30만 명에 달할 정도였다. 1920년 이후에는 점차 학생 수가 줄어들었다.

서당이 이처럼 근대에 들어와서도 번성한 것은 일제강점기 초등교육기관과 중등교육기관의 부족에서도 원인을 찾을 수 있다. 그러나 교육기관의 수나 학생 수용 가능 규모 등 양적인 면 외에도, 당시 학교교육이 조선인들이 바라던 학생들의 건전한 성장이나 민족주의 교육과는 거리가 먼 일본제국의 황국신민화 교육이었다는 측면도 고려해야 한다.

〈표 6-4〉 일제강점기 서당 재학생 수의 변화[12]

연도	수학인원 수	연도	수학인원 수	연도	수학인원 수
1911	141,604	1922	284,063	1933	148,105
1912	169,077	1923	269,653	1934	153,684
1913	195,689	1924	238,352	1935	161,774
1914	204,161	1925	208,310	1936	169,999
1915	229,550	1926	196,838	1937	172,786
1916	259,531	1927	189,260	1938	172,456
1917	264,835	1928	191,672	1939	164,507
1918	260,975	1929	162,247	1940	158,320
1919	275,920	1930	150,892	1941	150,184
1920	292,625	1931	146,901	1942	153,784
1921	298,067	1932	142,668	1943	142,380

〈표 6-5〉 서당과 공립보통학교의 비교[13]

연도	종별	학교 수	학생 수			교원 수
			남	여	계	
1913년	서당	20,468	195,298	391	195,689	16,771
	공립 보통학교	351	45,327	4,404	49,731	1,593
1918년	서당	24,294	264,013	812	264,835	24,520
	공립 보통학교	462	76,898	10,481	87,379	2,314

◇◇◇◇◇◇◇◇◇◇◇◇◇◇◇◇◇◇◇◇◇◇◇◇

12) 「조선총독부 통계연보」.
13) 이만규(1988), p. 138 참조.

해방 이후에도 서당은 순식간에 사라지지 않았다. 서당은 1970년 대까지 부족한 초등교육과 중등교육의 수요를 대체하는 역할을 담당하였다. 아직 초등 및 중등 단계의 의무교육이 완성되지 않은 시기에 일부 아이는 초등학교 대신 서당에 진학하거나, 중학교 진학 대신 서당에서 한학 등의 교육을 받은 경우가 있었다.

현재 전통시대 서당의 자취는 거의 사라졌다. 대신 예절교육 프로그램을 제공하는 서당이나, 도심에서 한문/한자나 서예 등을 교육하는 형태로 명맥을 유지하고 있다. 그러나 어찌 보면, 아파트나 주택가 곳곳에 위치한 학원이라는 교육시설 역시 서당의 명맥을 잇고 있다고 할 수 있다.

 참고문헌

조선총독부 통계연보.

교육부(2015). 초 · 중등학교 교육과정 총론. 세종: 교육부.
오성철(2000). 식민지 초등 교육의 형성. 서울: 교육과학사.
이만규(1991). 조선교육사 II. 서울: 거름.
이윤미(2014). 콩도르세의 자유주의적 공교육 개혁론의 시사점. 한국교육사학, 36(3). 한국교육사학회.
정동준(1999). 콩도르세의 사회 및 교육과 일고. 서양사학연구, 3. 한국서양문사학회.
정순우(1985). 18세기 서당연구. 한국정신문화연구원 박사학위논문.
피정만(2010). 20세기 서당교육연구. 서울: 하우.

Aristoteles(2009). 정치학(천병희 역). 경기: 숲.

Aristoteles(2011). 니코마코스 윤리학(강상진, 김재홍, 이창우 공역). 서울: 도서출판길.

Boyd, W. (1994). 서양교육사(이홍우, 박재문, 유한구 공역). 서울: 교육과학사. (원저는 1921년에 출판).

제7장

근대교육의 태동과 성장

병자수호조약 이후 때때로 굳게 맺은 갖가지 약속을 배반하였다 하여 일본의 배신을 죄주려는 것이 아닙니다. 일본 제국주의의 학자들은 강단에서, 통치배들은 실생활에서 우리의 선조들이 대대로 닦아 온 찬란한 위업을 식민지로 삼아 문화민족인 우리를 야만족같이 대우하여 다만 정복자의 쾌감을 탐할 뿐이요, 우리의 오랜 사회 기초와 뛰어난 민족의 성품을 무시한다해서 일본의 무도함을 꾸짖으려는 것도 아닙니다. 스스로를 채찍질하고 격려하기에 바쁜 우리는 남을 원망할 겨를이 없습니다. 현재를 꼼꼼히 준비하기에 급한 우리는 묵은 옛일을 응징하고 잘못을 가릴 겨를이 없습니다. 오늘 우리에게 주어진 임무는 오직 자기 건설이 있을 뿐이지, 결코 남을 파괴하는 데 있는 것이 아닙니다. 엄숙한 양심의 명령으로 자신의 새로운 운명을 개척하고자 하는 것뿐이지, 결코 묵은 원한과 일시적 감정으로 남을 시샘하여 쫓아내고 물리치려는 것이 아닙니다. 낡은 사상과 낡은 세력에 얽매여 있는 일본 제국주의 통치배들의 부귀공명의 희생이 되어 압제와 수탈에 빠진 이 비참한 상태를 바르게 고쳐서 억압과 착취가 없는 공정하고 인간다운 큰 근본이 되는 길로 돌아오게 하려는 것입니다.

– 1919년 「독립선언문」 –

현재 우리나라는 교육 분야에서 놀라운 성취를 보이고 있다. 초등학교와 중학교의 의무교육, 고등학교 교육과 대학교육의 대중화 등이 그 대표적 양상이다. 유럽의 경우 이런 교육체제가 몇백 년에 걸쳐 정착되었던 데에 반해 우리의 경우는 1800년대 후반부터 불과 100여 년만에 이룩된 것이라는 점에서 더욱 놀랍다. 그러면 이런 한국 교육의 근대화(유럽화, 서구화)는 어떻게 이루어졌을까? 그리고 이를 주도한 집단은 누구인가?

19세기 말 조선은 독자적 교육체제를 보유하고 있었다. 관학(官學)과 사학(私學)에서는 남성을 대상으로 유학을 비롯한 전문 분야의 교육을 담당하고 있었다. 특히 당시 관학교육은 완전 무상이었으며, 모든 군현 지역에 설치되어 있었다. 사학의 경우도 서원의 사례처럼 국가에서 일정한 교육비를 지원하는 경우가 적지 않았다. 특히 조선후기의 경우 서당의 보급이 확산되면서 일반 백성들을 대상으로 한 기초교육도 확대되고 있는 상황이었다.

이런 와중에 조선은 서양의 강국들과 일본의 압력에 의해 이들과 근대적 통상 조약을 체결하고 개국하였다. 개국 후 조선은 가장 먼저 유럽의 군사기술과 교육제도를 검토하는 작업에 착수하였다. 특히 1876년 직후, 일본과 서양에 유람단을 파견하는 등 당시의 세계 흐름에 대한 조사를 추진하였다. 또한 중국과는 별개의 독립된 국가라는 점을 명시적으로 보여 주기 위해 고종이 스스로를 황제라고 칭하는 등 자주적 근대화의 길에 접어들었다.

1. 교육근대화의 주도세력: 선교사

세 세력이 한국 교육의 근대화에 영향을 미쳤다. 그중 첫 번째
는 유럽과 미국에서 건너온 선교사들이었다. 선교사들은 입국 후
학교 설립과 의료 사업에 집중하였다. 기독교를 직접 포교하기
보다는 교육사업과 의료 사업을 통해 민간에 스며드는 것이 기
독교에 대한 거부감을 줄일 수 있다고 보았기 때문이었다. 이에
서울 지역을 중심으로 종교적 성격을 띤 유럽식 학교가 설립되
었다. 그 대표적인 것이 아펜젤러(Appenzeller)가 세운 배재학당
(1885년), 언더우드(Underwood)가 세운 경신학교(1885년), 스크랜
튼(Scranton) 여사가 세운 이화학당(1886년) 등이다. 이 학교들의
설립은 국내에 유럽식 교육내용과 교육방법을 소개하고 직업교육
(실업교육)을 실시하는 등, 교육에 대한 인식을 바꾸는 계기가 되
었다.

특히 교육과 관련한 가장 큰 인식 변화는 남녀평등교육 사상이
었다. 스크랜튼 여사는 여성들을 교육하기 위한 학교로 1890년
이화학당을 설립하였다. 이화학당은 미국 북감리회 여선교부의
지원을 받는 중학 과정으로 설립되었다. 그러나 이화학당은 남자
대상의 유럽식 학교와 달리 초창기에는 학생 모집에서 상당한 어
려움을 겪었다고 전해진다. 이는 당시 조선인들이 대부분 '딸들
은 가정에서 교육한다'는 인식을 가지고 있었기 때문이었다.[1] 그

---

1) 그렇다고 조선인들이 여성교육에 관심이 없었다는 의미로 해석하기는 곤란하다. 조선시
   대에도 이미 여성 대상의 교재가 개발되어 활용되는 등 여성교육이 존재하였다. 다만 여

런 이유로 스크랜튼 여사는 처음에서는 여성 고아를 학생으로 받아들여 교육하기도 하였다. 이화학당 설립을 계기로 여성에 대한 학교교육에 대한 관심이 높아졌고, 더불어 여성의 교육 기회 역시 꾸준히 넓어져 나갔다.

2. 교육근대화의 주도세력: 조선 정부

선교사들이 유럽의 교육을 소개하는 데 일정한 기여를 했다면, 한국 교육의 근대화를 이끈 두 번째 세력은 조선 정부였다. 조선 정부는 공교육 체제로 나아가기 위한 학교 체제를 도입하는 역할을 하였다. 특히 조선 정부는 갑오개혁(1894년) 후 근대교육 체제 수용을 위한 법 개정과 학교 설립을 추진하였다. 1895년에는 조선의 교육 개혁 의지를 담은 조서(교육입국조서)를 발표하였다. 이 조서에는 조선의 과거 교육에 대한 반성과 새 교육의 방향에 대한 의지가 포함되어 있다.

아! 백성을 가르치지 않으면 나라를 굳건히 하기가 매우 어렵다. 세상 형편을 돌아보면 부유하고 강성하여 독립하여 웅시(雄視)하는 여러 나라들은 모두 그 나라 백성들의 지식이 개명(開明)하고 지식이 개명함은 교육이 잘됨으로써 말미암은 것이니, 교육은 실로 나라를 보존하는 근본이다. 그러므로 짐이 임금과

성의 교육을 공적 교육기관에 맡기지 않았다는 점에서 차이가 있을 뿐이다.

스승의 자리에 있으면서 교육하는 책임을 스스로 떠맡고 있다. 교육에는 또한 그 방도가 있으니, 허명(虛名)과 실용(實用)의 분별을 먼저 세워야 할 것이다. 책을 읽고 글자를 익히어 고인(古人)의 찌꺼기만 주워 모으고 시대의 큰 형국에 어두운 자는 문장(文章)이 고금(古今)보다 뛰어나더라도 쓸모가 전혀 없는 서생(書生)이다. 이제 짐은 교육하는 강령(綱領)을 제시하여 허명을 제거하고 실용을 높인다. 덕양(德養)은 오륜(五倫)의 행실을 닦아 풍속의 기강을 문란하게 하지 말며, 풍속과 교화를 세워 인간 세상의 질서를 유지하고 사회의 행복을 증진시킬 것이다. 체양(體養)은 동작에는 일정함이 있어서 부지런함을 위주로 하고 안일을 탐내지 말며 고난을 피하지 말아서 너의 근육을 튼튼히 하며 너의 뼈를 건장하게 하여 병이 없이 건장한 기쁨을 누릴 것이다. 지양(智養)은 사물의 이치를 연구하는 데서 지식을 지극히 하고 도리를 궁리하는 데서 본성을 다하여 좋아하고 싫어하며 옳고 그르며 길고 짧은 데 대하여 나와 너의 구별을 두지 말고 상세히 연구하고 널리 통달하여 한 개인의 사욕을 꾀하지 말며 대중의 이익을 도모하라. 이 세 가지가 교육하는 강령이다.

짐이 정부(政府)에 명하여 학교를 널리 세우고 인재를 양성하는 것은 너희들 신하와 백성의 학식으로 나라를 중흥(中興)시키는 큰 공로를 이룩하기 위해서이다. 너희들 신하와 백성은 임금에게 충성하고 나라를 사랑하는 심정으로 너의 덕성, 너의 체력, 너의 지혜를 기르라. 왕실의 안전도 너희들 신하와 백성의 교육에 달려 있고 나라의 부강도 너희들 신하와 백성의 교육에 달려 있다. 너희들 신하와 백성에 대한 교육이 훌륭한 경지에 이르지

2. 교육근대화의 주도세력: 조선 정부

못하면 짐이 어찌 나의 정사가 성공했다고 하며 짐의 정부가 어찌 감히 그 책임을 다하였다고 말할 수 있겠는가? 너희들 신하와 백성들도 교육하는 방도에 마음을 다하고 힘을 협조하여 아버지는 이것으로 그 아들을 이끌어 주고, 형은 이것으로 그 동생을 권하며, 벗은 이것으로 도와주는 도리를 실행하여 그치지 않고 분발해야 할 것이다. 나라의 한에 대적할 사람은 오직 너희들 신하와 백성이요, 나라의 모욕을 막을 사람도 너희들 신하와 백성이며, 나라의 정치 제도를 닦아 나갈 사람도 너희들 신하와 백성이다. 이것은 다 너희들 신하와 백성의 당연한 직분이지만 학식의 등급에 따라 그 효과의 크기가 결정된다. 이러한 일을 하는 데서 조그마한 결함이라도 있으면 너희들 신하와 백성들도 오직 우리들의 교육이 명백하지 않기 때문이라고 말하면서 상하가 마음을 합치기에 힘쓰라. 너희들 신하와 백성의 마음은 또한 짐의 마음인 만큼 힘써야 할 것이다. 이러해야 짐은 조종의 덕을 드러내어 천하에 빛내고 너희들 신하와 백성들도 너희 조상의 효성스러운 자손으로 될 것이니, 힘써야 할 것이다. 너희들 신하와 백성들이여, 짐의 이 말대로 하라.[2]

고종 황제는 조서에서 과거의 허명(虛名) 교육에서 실용(實用) 교육으로의 전환을 강조하였고, 국가 차원의 학교 보급 의지를 보여 주었다. 특히 새로운 교육의 방향으로 덕양(德養), 체양(體養), 지양(智養)을 제시하고 있다. 이에 따라 덕양을 통해 유교적 도덕

---

2) 『고종실록』, 고종 32년(1895년) 2월 2일.

| 그림 7-1 | 고종 황제 |

성을 갖추고, 동시에 몸을 단련하고 근대 지식을 학습하는 것이 교육의 목표가 되었다.

　이후 조선 정부는 유럽식 학교체제의 도입을 추진하였다. 근대 공교육 관련 법령의 제정 현황을 정리하면 〈표 7-1〉과 같다.

〈표 7-1〉 근대 공교육 관련 법령의 제정 현황

한성사범학교관제(1895년 4월 16일 칙령 79)
외국어학교관제(1895년 5월 10일 칙령 88)
성균관관제(1895년 7월 2일 칙령 136)
소학교령(1895년 7월 19일 칙령 145)
한성사범학교규칙(1895년 7월 23일 학부령1)
성균관경학과규칙(1895년 8월 9일 학부령2)
소학교교칙대강(1895년 8월 12일 학부령3)
보조공립소학교규칙(1896년 2월 20일 학부령1)
중학교관제(1899년 4월 4일 칙령11)
외국어학교규칙(1900년 6월 27일 학부령2)

조선 정부는 가장 먼저 초등학교인 소학교(小學校)와 교사양성 기관인 사범학교(師範學校)를 설치하여 초등교육 보급을 위한 기초를 확립하였다. 한성사범학교는 처음에 본과 2년과 속성과 6개월 과정으로 운영되었다. 그러다가 광무 3년(1899년) 본과 4년으로 개정되었다. 한성사범학교에서 교수한 학과목은 수신, 교육, 국문, 한문, 역사, 지리, 수학, 물리, 화학, 박물, 습자, 체조로 구성되었다. 이 중 교육학의 경우 한국과 외국의 교육사와 저명한 교육가의 전기 그리고 교육 및 교수 원칙을 내용으로 하였다. 그리고 실습은 부속소학교를 통해 실시하였다. 한성사범학교는 1895년 4월 교동초등학교 내에 설립되었다.

소학교는 초등교육을 담당하는 교육기관이었다. 소학교의 목표는 아동의 신체 발달에 비추어 국민교육의 기초와 그 생활상에 필요한 보통 지식 및 기능을 가르치는 것이었다. 소학교는 관립·공립·사립의 3종으로 하였고, 관립은 국고, 공립은 지역, 사립은 개인의 부담으로 운영되었다. 소학교 역시 보통과 고등의 2과로 나누었는데, 보통과 3년과 고등과 3년으로 규정되었다.

소학교의 교과목을 보면 보통과는 수신, 독서, 작문, 습자, 산술, 체조가 중요 교과였다. 고등과는 여기에 한국지리, 한국역사, 외국지리, 이과(과학), 도화(회화)가 추가되었고 여아에게는 재봉을 추가하였다.

그리고 상급학교로 중학교와 외국어학교, 실업학교 제도를 도입하였음을 알 수 있다. 다만 고등교육의 경우는 유럽식 대학 대신 기존의 성균관을 대학으로 개편하는 방안이 추진되었다. 이에 따라 성균관에서는 유학 외에 근대학문인 세계지리, 산술, 세계역사 등을 가르치기 시작하였다.

1894년 정부는 육영공원을 폐기하고 그 자리에 관립한성사범학교부속소학교를 설치하였다. 현재 서울 교동초등학교 자리이다. 또한 1895년에는 장동학교, 정동소학교, 제동소학교, 양사동소학교, 양현동소학교, 주동소학교, 안동소학교 등의 관립소학교가 차례로 설립되었다.

당시 만들어진 학제에 따르면 소학교는 기본적으로 6년제였고, 중등학교인 중학교는 총 7년제로, 4년은 심상과, 3년은 고등과 체제였다. 한편 교원 양성기관인 사범학교의 경우는 2년제였는데, 당시 교사의 시급한 필요 때문에 6개월 과정의 속성과도 운영하였다.

고종 대의 이런 근대교육 수립과정에서 일본의 영향을 간과할 수 없다. 하지만 근대적 학교 체제 수립을 조선 정부가 시도했다는 점은 과소평가해서는 안 될 부분이다.

3. 교육근대화의 주도세력: 조선인

한국의 교육근대화에 기여한 세 번째 세력은 조선의 민간인들이었다. 당시 조선의 지식인들과 지도층들은 근대교육 실시의 필요를 절감하고 많은 사립학교를 세웠다. 그리고 이 사립학교들은 근대교육을 보급하는 중요한 장이 되었다. 갑오개혁 이후 일본의 침략이 노골화되면서 이에 대응하여 조선인들의 자주독립에 대한 의지 역시 강화되었다.

특히 일본의 노골적 침략 의도가 드러난 1905년 통감부 설치를 계기로 조선인들의 교육에 대한 관심이 더욱 높아졌다. 이때 엄청나게 많은 사립학교가 설립되기 시작하였다. 당시 상황을 『조선교육사』를 저술한 이만규는 "사립학교의 대흥(大興)"이라고 표현할 정도였다. 당시 일본의 침탈에 비분강개한 많은 지사가 전국을 돌며 교육을 강조하였다. 예를 들면, 이동휘가 함경도 지역을 한번 순회하자, 백여 곳의 학교가 만들어질 정도였다고 한다. 당시 부유층을 비롯한 서민들까지 학교 설립을 위한 비용을 내놓았다. 이때 만들어진 학교 중 융희 4년(1909년) 9월에 사립학교로 인가받은 곳만 해도 2,250곳에 이를 정도였다. 이는 단시간에 이룬 놀라운 성과였다. 이때 만들어진 대표적인 사립학교로는 다음 〈표 7-2〉와 같은 학교들이 있다.

〈표 7-2〉 일제강점기 대표적인 사립학교

- 보성학교: 이용익 등이 설립한 학교로 1905년 설립되었고, 현 고려대학의 전신이다.
- 양정의숙: 왕가의 후원을 받아 1905년 설립된 법률전문학교였다. 1913년 양정고등보통학교로 변경되었다.
- 휘문의숙: 1906년 4월 민영휘가 사재를 털어 세운 학교로 이후 휘문중학교로 변경되었다.
- 숙명여학교: 1906년 5월 영친왕궁에서 토지를 3백만 평 희사하여 세운 학교이다. 현 숙명여자대학교의 전신이다.
- 대성학교: 1907년 2월 안창호가 평양에 세운 학교로 배일사상과 독립정신을 고취시키는 역할을 하였다. 1911년 폐교되었다.
- 오산학교: 1907년 1월 이승훈이 정주 오산에 세운 학교이다. 대성학교와 마찬가지로 배일사상과 독립정신 고취로 이름 높았다.
- 기호학교: 1908년 기호흥학회(畿湖興學會)가 설립한 학교로 1915년 중앙고등보통학교로 변경되었다.

　이처럼 왕족부터 사상가, 부유층, 애국지사 등 다양한 인사의 주도로 사립학교의 설립이 활발하게 이루어졌다.

　이런 조선인들의 계몽과 교육 보급 노력은 3·1운동 이후에는 민립대학 설립운동의 형태로도 나타났다. 당시 조선에서는 일본 총독부가 대학을 허용하지 않아 고등교육을 받을 수 없는 상황이었다. 이에 조선인들은 전국단위에서 기금을 모아 대학을 설립하자는 운동을 전개하였다. 이것이 바로 민립대학 설립운동이다. 1920년 6월 23일, 한규설(韓圭卨)을 회장으로 하는 조선교육회(朝鮮敎育會)에서는 빠른 시일 안에 문리과(文理科)·농과(農科)·상공과(商工科)·의과(醫科) 등을 두는 민립종합대학 설립을 결의하였다. 이에 기초하여 이상재를 위원장으로 하는 상무위원회(常務委員會)가 1924년 1월 1일 민립대학 설립 취지서를 발표하였다. 그 핵심은 '지식의 기갈(飢渴, 갈증)과 교육의 낙오야 말로 2,000만 동포가 한결같이 공명(共鳴)하는 최대의 과제'임을 호소하고 일본 유학에 막대한 경비를 쓰면서도 우리의 대학을 갖지 못하는 문제를 지적하는 것이었다. 그리고 전국 각지에 기성회 지부를 설치하고 모금 활동을 전개하였다. 그러나 총독부에서 민립대학기금 모금을 방해하고 탄압함에 따라 민립대학 설립은 좌절되었다. 비록 실패하였지만 민립대학 설립운동은 조선의 젊은이들을 조선인 스스로 교육하려 했던 시도라는 점에서 그 가치를 높이 평가할 수 있다.

4. 일본 제국의 교육탄압

선교사, 대한제국 그리고 조선인들은 기본적으로 교육 근대화와 보급에 큰 관심을 기울이고 있었다. 그러나 이런 움직임은 일본의 강압적 지배하에 놓이면서 어려움에 부딪힌다. 일본은 1906년부터 통감부를 통해 내정 간섭을 시작하였는데, 이때 대한제국의 교육 여건은 이전보다 악화되었다. 우선 보통학교령을 제정하여 소학교를 보통학교로 개칭하였다. 그리고 수업 기간을 6년에서 4년으로 단축하였다. 또한 일본어를 필수적으로 가르치게 하고 일본인 교사를 배치하는 등 친일교육을 강화하였다. 특히 사립학교를 통제하기 위해「사립학교령」을 공포하여 설립인가를 받도록 하였다. 또한 교과용 도서의 검인정 제도를 실시하여 교육내용을 통제할 수 있는 기반을 갖추었다.

1910년 불법적으로 조선을 점거한 일본 제국은 총독부를 설치하여 조선에 대한 지배를 강화하였다. 그들은 교육과 관련해서는「조선교육령」을 제정하여 조선의 교육을 감독하였다.「조선교육령」은 말 그대로 조선에만 적용되는 교육령으로서, 일본의 교육법과는 그 내용이 달랐다.「조선교육령」자체가 일본과 다른 교육체제를 조선에서 시행하는 것을 표방한다는 점에서 이미 차별적 성격을 내포하고 있었다.「조선교육령」에서는 조선 내에서의 고등교육은 실시하지 않고 보통교육과 실업교육만을 실시하도록 규정하였다. 이는 식민지 통치를 원활하게 하기 위해 조선인들을 어리석게 만드는 우민화 정책의 일환이었다.

  그러나 총독부의 교육탄압은 1919년 3·1운동을 계기로 변화하였다. 3·1운동을 겪은 후 총독부는 조선을 통치하는 데 있어서 강압보다는 유화 정책을 채택하게 되었다. 그에 따라 조선인들의 요구를 일부 수용하였고, 이로 인해 교육 분야에서도 변화가 나타났다. 1920년대에 나타난 교육계의 주요 변화는 다음과 같다.

  우선 통감부 시기에 교육기간을 축소시켰던 초등교육의 기간을 증가시켰다. 이에 따라 초등교육을 담당하는 보통학교의 교육기간이 4년에서 6년으로 연장되었다. 대신 이 연장과정에서 일본 역사와 지리 과목이 추가되었다. 그런데 모든 보통학교가 6년제로 개편된 것도 아니었다. 기존 4년제, 5년제 보통학교는 그대로 존치되었다.

  다른 중요한 변화는 교사양성기관인 사범학교의 설립을 허용한 것과 고등교육기관인 대학의 설립을 추진하였다는 점이다. 실제로 1922년과 1923년 전후에 각 도에 사범학교가 설립되어 교원양성기능을 담당하였다. 대학은 1924년 경성제국대학 예과가 신설되면서 시작되었다.

  경성제국대학 예과의 입학자격은 고등보통학교나 중학교 졸업으로 규정하였으며 수업 연한은 2년이었다. 이후 1926년에는 본과가 만들어지면서 종합대학으로 승격되었다. 학부는 법문학부가 먼저 설치되고 1938년 이공학부가 추가되었다. 경성제국대학에는 조선인만이 아니라, 당연히 일본인 학생도 취학할 수 있었다. 학생 현황도 대체로 일본인과 조선인 학생 수가 비슷하거나 일본인이 약간 상회하는 정도였다. 이는 당시 한반도에 거주하는 일본인이 대체로 조선의 1/10 이내였다는 점을 고려하면 매우 불평등한 입학 조건이었음을 알 수 있다.

그러나 1930년대 후반 일본이 태평양전쟁을 일으키면서 교육에서도 변화가 나타났다. 1936년부터 총독부는 국체명징(國體明徵)·내선일체(內鮮一體)·인고단련(忍苦鍛練)이라는 3대 교육방침을 내걸고, 조선인들이 황국신민으로서의 지조·신념을 갖도록 하는 교육방침을 추진하였다.

여기서 국체명징이란 일본 건국정신을 숭상하고 일왕을 숭배할 것을 강요하는 조항이었다. 당시 국체명징은 다음과 같은 입장에서 교수하도록 되어 있었다.

국체에 있어서는 우리 건국의 근본 뜻을 설명하고 나라의 특질이 경신숭조(敬神崇祖: 신을 존경하고 조상을 숭배함), 제정일치(祭政一致)의 정신과 떠나서는 아니 되는 것을 알게 하고 천황 통치의 본의와 신하와 백성이 천황을 보좌해야 할 본분을 명확하게 하고 참된 정성을 바쳐 황운을 돕게 할 것을 역설하라.[3]

간단히 말해 국체명징은 조선인들이 '천황제 이데올로기'에 순응하게 하고, 조선인을 일본 국민[4]으로 만들려는 원칙이라 할 수 있었다. 이는 황국신민의 서사 내용에도 드러나 있다. 황국신민서사(皇國臣民誓詞)는 모든 학교의 주요 행사에서 반드시 낭독하도록 되어 있었고, 교내에 이 내용을 각인한 비석을 설치하였다. 그 내용은 〈표 7-3〉과 같다.

---

3) 이만규(1988), p. 225 참조.
4) 보다 정확하게 표현하면, 일본 국민 중 하류층에 해당할 것이다.

〈표 7-3〉 황국신민서사의 내용

1. 우리는 대일본제국의 신민입니다.
2. 우리는 마음을 모아 천황 폐하께 충의(忠義)를 다합니다.
3. 우리는 인고단련하여 강한 국민이 됩니다.

1938년부터는 교육령에 선택과목으로 조선어가 들어 있음에도 불구하고, 4월부터 학교에서 조선어 교육과 조선어 사용을 금지하였다. 학교에서 조선어 사용이 발견되면 벌금·정학 또는 조행(操行, 품행) 점수를 '병(丙)'으로 주는 등의 처벌을 하였다.

또한 인고단련이라 하여 소위 근로대를 만들어 남학생은 비행장, 공장에서 교대로 일하면서 감독 군인의 학대와 감시를 받아야 했다. 병이 나도 치료받기 어려워서 근로 현장에서 사망하는 경우도 있었다. 여학생들은 교내에서 군복 수리를 담당해야 했다. 그외에 학교에서 방공 훈련, 행군원족, 군대식 체조 훈련, 위문편지쓰기, 애국일 행사, 신사참배, 국방헌금, 폐품 수집 등의 일로 정상적인 교육활동이 이루어지지 못하였다.

5. 대한민국임시정부의 교육방침

3·1운동 후 수립된 대한민국 임시정부에서는 국정교과서의 편찬과 아동에 대한 의무교육 실시 방침을 천명하였다.[5] 또한 1941년 11월에 제정된 「건국강령」에서도 의무교육과 무료 보습

---

5) 「대한민국 임시정부 시정방침」(1922).

교육에 대한 원칙을 포함하고 있다.

〈표 7-4〉「건국강령」중 교육규정

나. 6세부터 12세까지의 초등 기본교육과 12세 이상의 고등 기본교육에 관한 일체 비용은 국가가 부담하고 의무로 시행

다. 학령이 초과되고 초등 혹은 고등의 기본교육을 받지 못한 인민에게 일률로 무료보습 교육을 시행하고, 빈한한 자제로 의식을 갖추지 못한 경우는 국가에서 이를 대신 지급함

그러나 임시정부가 한반도를 실효적으로 지배하고 있지 않았기 때문에 이 원칙이 당시에 적용되지 못한 아쉬움이 있다.

반면 일본 본토의 경우, 1885년부터 초등 단계의 의무교육이 추진되어 20세기 초에 완성되었다. 이에 비해 내선일체(조선과 일본의 동질화)를 표방하던 총독부와 일본 제국이 한반도에서는 1945년까지 초등교육의 의무교육화를 실시하지 않은 것은 교육 분야에서의 차별적 지배 양상을 단적으로 보여 주는 사례라 할 수 있다.

〈표 7-5〉 개화기 이후 초등교육기관과 교과목 변화 요약

1. 개화기(1895년경)-소학교
교과목: 수신, 독서와 작문, 습자, 산술, 본국지리와 외국지리, 본국역사, 이과, 도화, 체조, 재봉, 외국어

2. 통감부 시기(1906년경)-보통학교
교과목: 수신, 국어, 한문, 일본어, 산술, 지리, 역사, 이과, 도화, 체조, 수예, 창가, 수공, 농업, 상업
비교과 활동 추가: 소풍, 운동회, 조회, 급장제

3. 1차 조선교육령기(1911년)-보통학교

교과목: 수신, 국어(일본어, 10시간), 조선어급한문(5시간), 산술, 이과, 창
가, 체조, 도화, 수공(남), 재봉급수예(여), 농업초보, 상업초보

4. 2차 조선교육령(1922년)-보통학교

교과목: 수신, 국어(12시간), 조선어(3시간 내외), 산술, 일본역사, 지리, 이
과, 도화, 창가, 체조, 재봉(여)

5. 3차 조선교육령(1938년)-소학교로 명칭 변경

교과목: 수신, 국어, 산술, 국사, 지리, 이과, 직업, 도화, 수공, 창가, 체조,
체조, 가사급재봉(여), 조선어(수의과목)

6. 초등학교령(1941~1995년)-국민학교로 명칭 변경
교과목
국민과: 수신, 국어, 국사, 지리
이수과: 산수, 이과
체련과: 체조, 무도
예능과: 음악, 습자, 도화, 공작, 가사급재봉(여)
직업과: 농업, 공업, 상업, 수산
수의과목: 조선어, 외국어

 참고문헌

개정조선교육령.
고종실록.
대한민국 임시정부 시정방침.
조선교육령.

도부학(1975). 조선교육사. 동경: 강담사.

오성철(2000). 식민지 초등 교육의 형성. 서울: 교육과학사.

이만규(1988). 조선교육사. 서울: 거름.

피정만(2010). 20세기 서당교육연구. 서울: 하우.

한국교육과정평가원 국가교육과정 정보센터(http://ncic.re.kr).

제8장

해방 후 한국 교육의 전개

그대는 나라를 사랑하는가.
그러면 먼저 그대가 건전한 인격이 되라.
우리 중에 인물이 없는 것은 인물이 되려고 마음먹고 힘쓰는 사람이 없는
까닭이다.
인물이 없다고 한탄하는 그 사람 자신이 왜 인물이 될 공부를 아니하는가.

– 도산 안창호 –

1945년 8월 15일 일본이 연합군에 항복하면서, 우리공동체는 드디어 일본 제국의 강압적 지배에서 벗어나게 되었다. 하지만 일본 제국이 교육계에 남긴 구습과 모순은 단시간 내에 해소할 수 없을 정도로 심대하였다. 이 장에서는 해방 이후부터 우리교육계에서 일본 지배가 남긴 교육문제를 해소하기 위해 시도한 정책들과 교육계의 주요 사건 그리고 교수활동 개선 노력에 대해 다룬다.

1. 미군정기 교육 상황

해방 직후 9월 7일 한반도의 38선 이남에 미군이 진주하였는데, 이때부터 1948년 8월 15일까지의 기간을 미군정기라 부른다. 미군정 당국에서는 1945년 9월 교육과 관련해 〈표 8-1〉과 같은 원칙을 발표하였다.[1]

〈표 8-1〉 미군정기 교육 원칙

- 공립 국민학교는 45년 9월 24일에 개학할 것
- 사립학교는 학무국의 허가를 받아 개학할 것
- 교육에 있어서의 종족 및 종교에 따른 차별의 철폐
- 교수용어의 한국어로의 전환
- 한국의 이해에 반하는 교육 내용의 금지

1) 「군정청법령」 제6호, 1945년 9월 29일.

이 원칙들은 일제강점기의 교육 잔재를 완전히 청산한 것이라기 보다 임시방편적 성격을 가지고 있었다.

이후 미군정에서는 우리나라 국가 교육과정의 교육목표를 홍익인간으로 설정하였다. 미군정에서는 교육방침으로 "홍익인간의 건국 이상에 기하여 인격이 완전하고 애국정신이 투철한 민주국가의 공민을 양성함을 교육의 근본이념으로 한다"고 밝혔던 것이다. 또한 학교제도를 전면적으로 개혁하여 일제시대의 조선인학교와 일본인 학교라는 복선형 학제를 폐지하고 단선형 학제로 개편하였다. 교육 연한은 6-3-3-4제에 따라 16년으로 설정하였는데, 여기에 유치원 교육 및 대학원의 각 2년을 합하여 총 20년의 수학 기간으로 규정하였다.

2. 초중등교육의 대중화

한편 일제강점기 억압되었던 교육 요구를 수용하기 위해 의무교육 사업도 추진하였다. 정부는 1954년부터 초등 단계 의무교육 시행 계획을 추진하기 시작하였고, 드디어 1960년대 초에 100% 취학에 도달하여 의무교육이 완성되었다. 중등의 의무교육은 1985년부터 농어촌 지역부터 시행되어 2000년대 중반에 의무교육화가 완료되었다. 이를 통해 우리나라의 보통교육은 안착되기에 이르렀다.

이런 의무교육의 추진 과정에서 상급학교 입학제도 역시 개편되었다. 먼저 중학교 입학시험이 폐지되었다. 일제강점기 이래 중등교육은 보통교육이 아닌 소수 엘리트를 위한 교육이었다. 그런 이유로 해방 후부터 1960년대까지도 중학교 입시 경쟁은 치열하였다. 당시 '국6병'이라 하여 국민학교 6학년 학생들의 입시 공부가 사회문제가 되었다. 특히 '국6병'은 성장기 아동들의 건강을 해친다는 점에서도 심각한 문제로 간주되었다.

이때 중학교 입시 폐지 여론을 확산시킨 사건이 바로 '무즙 파동'이었다. 1964년 12월에 치러진 서울시 중학입시 문항에서 엿을 만드는 과정에서 엿기름 대신 넣을 수 있는 것이 문제로 출제되었던 것이다. 정답은 디아스타제였으나, 선택지에 포함된 무즙 역시 정답이라는 의견이 제기되면서 논란에 휩싸였다. 결국 이 과정에서 교육계에 소동이 일어났고, 이는 중학 입시의 과열 현상에 대한 경각심을 갖게 해 주었다. 마침내 1968년에 중학교 무시험 입학제를 시행하면서 중학교 입시는 사라졌다.

3. 고교평준화의 명암

이후 입학 경쟁의 장은 고등학교 입시로 옮겨 가게 되었다. 1970년대까지 소위 명문고등학교가 존재하였고, 이 명문고등학교에 입학하기 위한 경쟁이 치열하였다. 서울과 지방에서 오랜 역사를 가진 공립고등학교가 소위 '일류고'로 불리고 있었다. 이에 대한 대책으로 '주거지와의 근거리 고등학교 배정'을 원칙으로 하는 고등학교 평준화 정책이 1974년부터 대도시를 중심으로 시행되었다. 이에 따라 명문고등학교 입시는 사라지게 되었다. 고교

평준화는 학생들의 학력 저하를 유발할 것이라는 반발이 적지 않았다. 그러나 고교평준화가 학생들의 평균 학력을 저하한다는 명확한 증거는 제시되지 않고 있다. 반면 고교평준화가 학업 성취를 향상시키는지 아닌지와는 별개로 학교 문화나 학생 문화에서 갖는 긍정적 가치는 무시할 수 없는 부분이 있다. 자신과 다른 성격과 개성, 능력을 가진 또래와 생활해 보는 의미 있는 경험을 해 볼 수 있기 때문이다. 또한 학업 수준 차이가 큰 학생들을 한 반에서 가르치면 학업 성취가 떨어진다는 논리는 강의식이나 전달식 수업에만 초점을 둔 것이라는 점도 고려할 필요가 있다. 다양한 활동이나 소통이 강조되는 교수활동에서는 오히려 학업 성취에서 차이가 있거나 개성이 다양하고 환경이 상이한 학생들로 이루어지는 것이 더 교육적 의미가 있기 때문이다.

4. 고등교육의 보편화

우리나라 입학시험에서 대학 입학시험은 해방 후부터 가장 중시되어 왔다. 대학입시는 해방 후 전면적 개혁만 해도 크게 십여 차례를 넘어설 정도이다. 해방 후 대학입시에서 가장 중요한 변화로는 1980년의 본고사 폐지를 들 수 있다. 본고사는 대학별 주관 시험으로 국·영·수·사·과 등에 대한 필답시험이다. 일부 명문대학 본고사 문제의 경우, 대부분의 고등학생이 풀기에는 난이도가 매우 높았고, 또 고등학교 교육과정 이외의 범위에서 출제되어 문제가 되었다. 이런 대학 본고사제도로 인해 대학입시를 위한 사교육이 과열된다는 비판이 매우 많았다. 이런 상황에서 1980년 제5공화국 정부는 소위 '730교육개혁' 조치의 일환으로 본고사 폐지, 대학졸업정원제, 과외(개인 교습, 재학생 학원 교습) 금지를 시행하여 교육계에 큰 파장을 일으켰다.

이 중 대학졸업정원제는 대학교육을 받으려는 진학 희망자의 수가 증가하는 것에 대한 대책이었다. 이때 재수생 누적 등의 문제가 심각하였는데, 정부는 대학을 늘리는 대신, 기존 대학의 입학정원을 늘리는 정책을 채택하였다. 대신 졸업 시에는 반드시 졸업 정원을 준수하도록 하였다. 즉, '입학은 쉽게, 졸업은 어렵게'를 표방하였던 것이다. 그러나 이것은 대학입학 후 졸업하지 못한 중도탈락자의 구제 문제 및 대학교육의 여건 악화 등 교육의 질 저하 등의 문제로 인해 곧 폐지되었다.

이후에도 꾸준히 대학에 대한 진학열은 높아져 갔고, 1995년부터는 '531교육개혁' 조치의 일환으로 대학설립준칙주의가 시행되어 대학 설립이 자율화되었다. 대학설립준칙주의는 대학으로서의 기본적 요건만 갖추면 대학 설립을 허가하는 것으로서 이전보다 대학 설립 요건을 완화한 것이었다. 그 결과 531교육개혁 이후 100여 개의 대학과 전문대학이 설립되었다.

이렇게 만들어진 대학들은 잠시 동안 우리나라의 고등교육 수요를 충족시키는 성과를 거두었다. 하지만 20년도 지나지 않아 대학진학 희망자와 대학입학 정원의 차이가 급격히 줄어들었다. 그에 따라 2010년 이후에는 정부의 주도로 대학 구조조정 사업이 진행되고 있다. 이는 정부의 근시안적 교육정책이 가져온 결과를 다시 대학과 학생들에게 지우는 문제를 내포하고 있다.

5. 학습자의 선택을 허용한 교육과정 출현

교육과정과 관련해서 가장 중요한 정책 변화는 학생의 교과 선택권을 일부 허용한 제7차 교육과정을 들 수 있다. 본래 우리나라의 교육과정은 국가가 일률적으로 부과하고, 학습자가 선택할 수 있는 여지는 매우 제한되어 있었다. 이는 갑오개혁 이후 유럽식 공교육기관이 보급되면서 시작되었다. 그리고 일제강점기에는 충량한 황국신민을 기른다는 교육목적에 따라 획일적 교육과정이 강요된 바 있다. 해방 후에 이런 전체주의적 교육 잔재는 일부 사라졌지만, 여전히 학습자에게 교육과정을 선택할 권한은 부여하지 않았다.

이런 기존의 교육과정 체계에 획기적 변화를 가져온 것이 바로 제7차 교육과정이었다. 제7차 교육과정은 1997년 12월 30일에 고시되었는데, 초중등 교육과정을 10년의 국민공통 교육과정(재량활동, 특별활동)과 2년의 선택중심 교육과정으로 구분하였다. 특히 선택중심 교육과정은 학습자의 교과 선택권을 보장하기 위한 취지가 있었다. 이에 따라 고등학교 2년 과정 동안 교육과정을 선택할 수 있는 권한이 학생에게 부여되었다. 이후 선택중심 교육과정은 1년 더 연장되어 현재는 고등학교 3년 전체로 확대되었다. 그러나 선택중심 교육과정을 지향함에도 불구하고, 실제 운영 과정에서는 학생이 선택하는 것이 아니라, 실질적으로 학교가 선택하는 문제가 발생하였다. 또한 수강 희망자가 적은 과목은 운영되지 못하는 문제가 제기되었다. 하지만 가장 근본적인 문제는 대학

입시라는 교육과정 위에서 교육과정을 결정하는 제도가 존재함에 따라 교육과정 본래의 취지가 제대로 구현되지 못하였다는 것이다. 결국 고등학생들의 관심은 대학입시 제도와 자신이 원하는 대학에서 요구하는 것에 맞추어질 수밖에 없었기 때문이다. 이 점에서 여전히 한계를 가지고 있었지만 학습자의 선택권 보장은 교육사적 의미가 크다고 하겠다.

6. 교육자치제 실행

중앙집권화된 교육 운영체제의 변화도 1990년대에 진행되었다. 1991년부터 지방교육자치가 실질적으로 진행되어, 지역의 시·도 교육감과 교육위원회에서 해당 지역 교육 분야 운영 및 결정권의 일부를 갖게 되었다. 이는 중앙집권적 교육정책의 문제점을 개선하고, 교육과학기술부(교육부, 문교부)의 교육 감독권을 축소하고 학부모와 주민들의 교육에 대한 참여를 보장하는 교육개혁이라 할 수 있었다. 이를 계기로 지역별로 교육감을 선출하는 제도가 정착되었다.

그러나 교육 자치가 아직 지역민의 교육 참여를 보장하는 개혁이 되기 위해서는 해결해야 할 난제들이 남아 있다. 그중 하나는 중앙정부의 행정 원칙에 따라 지방 교육감의 권한이 여전히 제한될 여지를 가지고 있다는 점이다. 실제로 최근에도 누리사업을 비롯하여 중앙정부와 지방 교육감 사이의 갈등이 고조된 바 있다. 지방 교육감의 미숙한 교육행정이나 경영도 원인이 될 수 있겠지만, 중앙정부도 이런 갈등을 가능한 한 축소하고 교육 민주화와 자치를 인정하는 입장을 강고하게 유지할 필요가 있다. 또한 일반 시민 역시 교육을 중앙정부의 결정사항으로 보고 정책을 이해하고 수용하는 데 그치기보다 적극적으로 교육 분야의 정책에 관심을 가지고 감시와 제안과 같은 참여 행위를 할 필요가 있다.

7. 교육 소외 아동 및 청소년에 대한 지원 확대

1990년대 이후 또 다른 한국 교육계의 변화는 이전에는 상대적으로 소외되었던 학생들에 대한 관심이 고조되고, 지원이 확대되기 시작했다는 것이다. 이는 공교육체제가 양적인 면에서 충실하게 성장한 이후 나타난 교육의 질에 대한 관심에서 비롯된 것이라 생각된다. 그중 대표적인 것이 특수교육 대상자인 장애학생에 대한 관심과 지원이었다. 1994년에는 특수교육 대상자에 대한 지원을 강화하기 위한 취지에서 「특수교육진흥법」이 제정되었다. 이후 특수학교 설립이 증가하였고, 특수학급의 여건 개선 역시 진행되었다. 또한 2016년 현재는 경중 장애를 지닌 학생의 경우 일반 아동들과 함께 수업하는 통합교육도 시행되고 있다. 이런 장애학생에 대한 관심과 지원을 역차별이라고 보는 시각도 있으나, 교육 자체가 평등성을 지향하는 사회제도라는 점을 인식할 필요가 있다. 통합교육이 일반 학생들의 학업 성취를 저하할 수 있다는 우려도 있다. 실제로 일반 학생들의 학업 성취가 저하된다 하더라도, 통합교육을 통해 얻을 수 있는 교육적 이익이 보다 클 수 있다는 점도 고려해야 할 것으로 보인다. 통합교육을 받는 일반 학생들에게 오히려 공교육이 지향하는 공공성, 타인에 대한 배려 등의 가치를 학습할 수 있는 기회가 될 수 있기 때문이다. 또한 이 외에 다문화가정 학생들이나 국내 체류하는 외국인 학생들 그리고 학교 밖 청소년들의 교육에 대한 관심 역시 고조되고 있다. 이 역시 지금까지 소외되었던 아동 및 청소년의 중요한 복지로서 교육의 가치를 인정한 것이라 할 수 있을 것이다.

2010년에는 서울특별시를 중심으로 의무교육 기관인 초등학교와 중학교의 무상급식이 논란이 되었다. 이는 초등학교와 중학교 학생들의 급식비를 모두 무상으로 제공할 것인가, 아니면 소득 수준이 낮은 학생들에게만 무상으로 제공하고 다른 학생들은 유상으로 할 것인가에 대한 논란이었다. 전면 무상급식에 찬성하는 측은 의무교육이 무상교육인 만큼, 실질적 교육 기회를 보장하기 위해 의무교육기관의 급식까지 무상화해야 한다는 입장이었다. 전면 무상급식에 반대하는 측은 무상급식은 정치적 포퓰리즘이며, 예산 낭비를 막기 위해 저소득층 30%를 대상으로 하는 선별적 무상급식안이 적절하다고 주장하였다. 이를 계기로 2011년 8월 24일 서울시에서 무상급식 찬반 주민투표가 실시되었다. 그러나 당일 투표율이 개표 가능 투표율의 기준에 미치지 못해 개표는 이루어지지 않았고, 무상급식 반대안은 자동적으로 폐기되었다.

무상급식 논란은 교육의 문제가 정치적 이슈로 변질되면서 본질적 측면이 간과된 부분이 있다. 하지만 필자가 보기에 급식은 기본적으로 학생들이 학교교육을 받기 위한 필수적 조건이다. 따라서 급식비 역시 교육비로 간주하는 것이 마땅하다. 급식이 교육

비라고 하면 공교육은 무상으로 제공한다는 원칙에 비추어 급식
을 전면 무상으로 제공하는 것이 타당할 것이다.

8. 사교육 규제와 공교육 내실화 추진

2000년대 초반에는 '교실붕괴'라 하여, 공교육현장에서의 교육
실패가 논란이 되었다. 소위 교실붕괴 현상이란 당시 학생들이 학
교의 정규학습을 소홀히 하거나 교실에서 비행을 저지르는 상황
을 가리킨다. 일부 학생은 교실에 침을 뱉거나, 노골적으로 잠을
자는 행동 양상을 보이기도 하였다. 또한 교사에게 폭력을 행사하
고 욕설을 하는 교권침해 현상도 일부 나타났다. 이에 당시 교육
계에서는 그 원인을 사교육의 팽창에 따른 선행학습의 일반화에
서 찾았다. 선행학습이 일반화되면서 학생들이 더 이상 학교 수업
이나 활동에 흥미를 갖지 않게 되었다는 것이었다. 이후 이에 대
한 대책으로 선행학습에 대한 규제와 공교육의 내실화를 통한 사
교육 억제책들이 제시되었다. 그러나 그 정책들은 뚜렷한 성과를
거두지 못하였고, 2016년 현재에도 여전히 사교육이 성행하고 있
다. 특히 대도시 아파트 주변에는 학생들의 통학을 위해 노란 학
원 버스가 장사진을 치는 모습을 흔하게 볼 수 있다.

현재는 정부에서도 직접 사교육을 규제하기보다, 학원비를 통
제하는 수준에서 사교육을 억제하는 노력을 하고 있다. 이와 함께
학교나 공공기관에서 사교육을 제공하는 양상도 나타나고 있다.
예를 들면, 방과후학습이나 한국교육방송공사의 수능 대비 강의

와 각종 교육콘텐츠들이 여기에 해당한다. 이런 방침들은 사교육비를 감당할 수 없는 계층이나 학생들에 대한 지원책이라는 면에서 긍정적 요소가 없지 않다. 그러나 정작 그것이 공교육의 위상과 가치를 높이지 않고 오히려 사교육을 공적으로 제공한다는 점에서 주객이 전도된 것이라 할 수 있다.

또한 한국교육방송공사의 수능강의 내용을 수학능력시험에도 반드시 출제하도록 하는 정책이 실시되면서, 이 수능강의를 해설하거나 보조하는 사교육이 생겨나는 문제도 발생하였다. 그리고 수능강의가 학교교육 보조라는 역할에 초점을 두기보다, 마치 학원 강의처럼 운영되면서 사교육 방식이 학교교육 방식보다 우월한 듯한 느낌을 주는 문제도 있다. 또한 온라인 강의 방식 자체가 결국 정보 전달에 치중한다는 점에서 교육의 목적은 정보 전달에 불과하다는 왜곡된 입장을 형성하는 문제도 만들어 내고 있다. 물론 이것은 우리나라 대부분의 상급학교 입학시험과 채용시험이 오로지 응시자가 얼마나 많은 정보를 가지고 있느냐를 평가하는 데에서 기인한 것이기도 하다.

9. 해방 후의 교수 활동 개선 운동

해방 후 한국 사회에서는 다양한 교육 개혁 혹은 혁신 노력이 진행되었다. 그 중에는 정부나 공공기관이 주도한 것도 적지 않고, 교사들이 주도한 혁신 노력도 있었다. 이 절에서는 대표적인 교육운동들을 정리해 본다.

1) 새교육 운동

해방 직후 미군정 시기에 한국 교육계에는 일제강점기의 전체주의식 교육을 극복하고 민주사회에 걸맞은 교육을 시행하기 위한 노력이 시작되었다. 이때부터 미군정과 정부 주도하에 미국의 진보주의 교육사조를 적극적으로 수용하기 시작하였다. 그리하여 진보주의식 교육을 소개하고 실천하기 위한 강습회나 연구회가 조직되고 운영되었다. 당시의 진보주의 교육은 일제강점기 식민지 교육과는 전혀 다른 교육이라는 의미에서 '새교육'으로 불렸다. 당시 새교육 시범학교로 지정된 일부 학교에서는 학교장이 인사권과 교육과정 운영권을 갖고 전폭적 지원을 받으며 진보주의 교육이 표방하는 경험중심, 생활중심, 학습자의 자발성을 중시하는 교육을 실시하려 하였다.

그러나 당시 우리나라의 객관적 교육 여건은 진보주의식 교육을 실시하기에 부적합하였다. 진보주의식 교육을 실시하기에는 학급당 학생 수가 너무 많았고, 교사들 역시 진보주의적 교육을 받아 본 적이 없었고, 또 체계적인 연수도 부족하여 성과를 거두기 어려운 상황이었다.

이 새교육 운동은 1950년대까지 지속되다가, 1960년대에 고시된 제3차 교육과정에서 학문중심 교육과정이 강조되면서 급격히 쇠퇴하였다. 이후 한국 교육은 학습자의 경험이나 생활과의 연계성보다 학문적 핵심 개념과 원리를 강조하는 교육 형태가 강세를 보였다.

2) 참교육 운동

1980년대 후반 사회의 민주화와 함께 교육계에서도 교사들의 목소리가 높아졌다. 당시 발족한 교사단체인 전국교직원노동조합(이하 전교조)에서는 주입식 교육방식을 비판하면서 '참교육'을 실시해야 한다고 주장하였다. 전교조의 부상에 따라 참교육에 대한 논란이 학교현장에서 일어나기도 하였다. 전교조가 선언한 참교육은 그 구체적 이념이나 원리가 분명하지는 않았다. 전교조에서는 '민족-민주-인간화'를 교육의 방향으로 제시하였다. 구체적으로는 '정부의 지시에 순응하는 교육이 아닌 살아 있는 교육, 우리가 원하는 교육, 아이들이 살아 숨 쉬는 교육'을 하겠다고 밝혔다. 이런 전교조의 활동에 대해 정부의 교육권과 학습자의 학습권을 침해할 수 있다는 지적도 있었다.

하지만 전교조의 참교육 운동은 교사의 역할과 위상에 대해 재평가하는 계기가 되었다. 교사가 단지 국가가 정한 교육과정과 교과서를 기계식으로 가르치는 것이 아닌, 나름의 판단과 가치를 가진 교육 전문가라는 관점을 일깨운 것이었다. 이후 전교조는 현재까지 정치적 사안이나 사회적 문제가 있을 때 이에 대한 계기수업 등을 실시하고 있다.

3) 열린교육

열린교육은 대체로 종래의 획일적·주입식 일제 수업을 탈피하여 아동에게 보다 많은 자유를 허용하고 다양한 아동 중심적 환경

에서 학습하도록 돕는 교육을 의미한다. 이를 통해 아동들이 자신
의 흥미와 속도에 따르면서 개방적 인간관계 속에서 개성과 창의
성, 자주적 태도를 기르는 것을 추구하였다.[2]

황인수는 우리나라 열린교육이 추구했던 원칙을 다음 〈표
8-2〉와 같이 다섯 가지로 요약하고 있다.[3]

〈표 8-2〉 열린교육이 추구했던 원칙

- 개별화(학습내용, 방법, 속도와 평가의 개별화)
- 자율화(교사와 학생에게 선택의 여지 부여, 자기주도적 학습)
  적극적인 상호작용적 교수-학습(학생의 능동적인 참여와 수업운영에 있어
  서의 교사의 적극적 역할-대집단과 소집단에서의 강의, 토론, 시범, 개별
  적 학습 및 소집단학습의 감독, 학생활동의 점검과 개별지도)
- 다양화(다양화된 학습내용, 학습방법, 학습자료, 교실환경, 평가방법, 특
  별활동의 다양화)
- 융통성(교육과정 구성, 수업운영, 공간구성 등에 있어서의 융통성)

이런 열린교육의 원칙을 요약하면 다음과 같다. 첫째, 교수-학
습의 과정을 상호작용의 과정으로 보고 교사는 아동 학습의 촉매
자 역할을 한다. 둘째, 교육과정에서 아동 중심의 활동과 문제 해
결 경험을 중시하고 지식 자체는 부차적인 것으로 간주한다. 셋
째, 학교 수업은 아동 개개인에 맞춘 개별화를 지향하여, 전통적
학교 규범이나 규칙에서 아동들을 자유롭게 해 준다는 것이었다.

사실 열린교육의 이념과 교수 원칙은 그다지 새로운 것이 아니

2) 김은산(1993) 참조.
3) 황인수(2014) 참조.

다. 이미 루소나 페스탈로치, 듀이도 역설한 내용이었다. 그리고 그 대표적 실천 사례도 20세기 초에 만들어진 니일의 '서머힐'에서 찾을 수 있다. 열린교육의 진정한 의의는 이것이 현장 교사들이 시작한 교육개혁이었다는 점이다.

우리나라의 열린교육은 1986년 사립학교인 서울 운현초등학교와 영훈초등학교에서 시작되었다. 공립으로는 1989년 경기도 평택의 안중초등학교에서 최초로 열린교육을 시도하였다. 1991년에는 열린교육에 뜻을 같이하는 교수, 관리자, 교사들이 열린교육연구회를 결성하고, 교원 연수 및 수업 공개 등을 중심으로 활동하였다. 1994년부터는 지역별 열린교육연구회 등이 발족하였고, 전국 100여 개의 학교에서 열린교육을 실시하기 시작하였다. 그리고 1998년에는 전국 1,000여 개의 학교로 확대되었다. 이후 열린교육은 제7차 교육과정의 기본개념이 되면서 공교육기관 내에 빠르게 확산되었다.

당시 주로 활용된 열린교육 방법은 아침자습 시간을 대신한 돗자리모임(rug meeting), 시간표를 개방한 블록타임(block time), 개별화 수업, 주제학습, 코너학습, 협력학습 등의 수업 모형이었다. 그 내용은 대부분 일본이나 미국에서 시행되었거나 시행된 형태를 수입한 것들이었다.

일부 학교에서는 복도와 교실 사이를 터서 복도 공간을 학습 공간으로 사용하기도 하고, 교실 바닥에는 장판, 퍼즐 매트나 돗자리를 깔기도 하였다. 책걸상을 분반이나 소집단별로 배치하여 코너별 소집단 학습을 시행하기도 하였다.

열린교육은 초창기에는 현장 교사들의 주도로 시작되었다. 이후 중앙정부와 지방 교육지원청이 열린교육 보급에 관심을 두면서 공교육현장에 빠르게 정착시키는 성과를 거두었다. 그러나 정책 성과를 보여 주려는 의욕이 앞서, 열린교육을 시행할 만한 여건을 갖추지 못한 학교와 교사들에게 이를 무리하게 부과하는 문제도 있었다. 또한 열린교육 시범학교 같은 제도는 정작 열린교육의 본질에 충실하기보다는 보여 주기식 열린교육으로 변질되는 요인이 되었다.[4]

이런 열린교육 시행 과정에서의 굴절은 교육정책 당국자들이 현장의 요구를 어떻게 반영하고 지원해야 하는지에 대한 반면 교사가 될 만하다.

 참고문헌

군정청법령.

김은산(1993). 열린교육의 세계적 동향. 교육철학, 11. 한국교육철학회.
류시황(2000). 제7차 교육과정의 실천 방안 연구: 영훈중학교 열린교육 실천 사례를 중심으로. 열린교육연구, 8(1). 한국열린교육학회.
이만규(1988). 조선교육사. 서울: 거름.
정광순(2004). 한 교사의 열린교육 체험에 대한 내러티브 탐구. 열린교육 연구, 12(1). 한국열린교육학회.

---

4) 당시 열린교육시범학교의 한 교사는 시범학교 보고회를 마친 후, "이제 진짜 열린교육을 할 수 있게 되었다"라고 술회하기도 하였다. 한면선(2001) 참조.

한면선(2001). 열린교육 확산과정의 문제점과 개선방안: 열린교육 시범 학교를 중심으로. 열린교육실행연구, 4. 덕성여자대학교열린교육연구소.

허승희(1996). 우리나라 열린교육 운동의 동향과 과제. 한국교육연구, 3(2). 한국교육연구소.

황인수(2014). 학교현장교육에 대한 열린교육의 빛과 그림자. 열린교육연구, 22(3). 한국열린교육학회.

제9장

교육 방법의 변화:
소크라테스, 퀸틸리아누스,
코메니우스, 헤르바르트

소크라테스가 말했다. "사람은 아는 것도 알지 못하는 것도 탐구할 수 없다는 것을 말일세. 말하자면 적어도 아는 것은 탐구하지 않을 걸세. 왜냐하면 이미 알고, 또 적어도 그런 사람은 탐구가 전혀 필요하지 않으니까. 그리고 알지 못하는 것도 탐구하지 않을 걸세. 무엇을 탐구해야 할지를 알지 못하니 말이야."

– 플라톤, 『메논』 –

소크라테스 이래 유럽의 교육가들은 교육을 어떤 원칙하에 어떻게 진행해야 할 것인가에 대해 고민하였다. 이 장에서는 이 교육가들이 생각한 교육의 목표와 방법들에 대한 논의를 고찰한다. 이 과정에서 오늘날 우리에게 상식으로 자리 잡은 교육에 대한 관점들이 형성되는 과정을 이해할 수 있을 것이다.

소크라테스는 2,500여 년 전 사람임에도 불구하고 현대에도 교육의 목적이나 방법에 대해 많은 영감을 주고 있다. 특히 소크라테스는 인간이 가진 선천적 본성의 성장을 교육이라 규정하였는데, 이것은 원칙상 근대 교육사상가인 루소와 다르지 않다. 다만 그 본성의 교육 방식에서 루소와 소크라테스는 차이가 있다. 소크라테스는 이성의 훈련과 논리를 통해 인간의 본성을 성장시키려고 했다면, 루소를 비롯한 근대의 교육가들은 감각 경험을 활용하고 실제의 삶과의 관련성을 강화하는 방향에서 본성을 성장시키는 교육방법을 모색하였다. 이 장에서는 소크라테스, 퀸틸리아누스, 코메니우스, 헤르바르트로 이어지는 사상가들의 교육 방법에 대한 고민들을 탐구한다.

1. 소크라테스

그리스 아테네의 시민이었던 소크라테스(Socrates, BC 470~399)는 젊은이들에게 자신의 철학을 가르치는 일에 종사한 교사였다. 다만 가르치는 방식이 지식의 기술을 전달하는 교사들과 달랐다. 그는 지나가는 젊은이에게 질문하고, 젊은이의 대답에 대해 반론을 제기하거나 추가 질문을 하는 방식으로 가르쳤다. 질문만 하는 것이 어떻게 교육일 수 있을까? 소크라테스는 자신이 알고 있는 것을 젊은이에게 알려 주기보다, 젊은이가 질문에 답하는 과정에서 스스로 배우기를 기대하였다. 그런 이유로 소크라테스가 등장하는 대화편(주로 소크라테스의 제자 플라톤이 정리한 것)의 내용을 보면, 소크라테스는 대부분의 대화편에서 질문과 반론을 제기하는 역할만을 한다.

이처럼 질문에 대한 답변을 듣고 그에 대해 다시 질문하거나 반론하는 소크라테스의 교육방식을 '비판을 통한 교육'이라고도 부른다. 소크라테스는 교사가 지식을 주입하는 것에 반대하고, 학습자가 스스로 생각하게 하라고 강조하였다. 그는 젊은이가 제시한 대답이 가지고 있는 허점을 지적하는 비판을 계속하였다. 그리고 그 과정에서 젊은이가 스스로 올바른 인식에 이르도록 유도하였다. 이를 다른 말로 문답식 교육이라고도 한다.

소크라테스는 자신이 하는 일을 산파(출산을 돕는 노파)의 일에 비유했는데, 산파가 산모들이 아이를 낳는 것을 돕는 사람이라면, 자신은 젊은이들이 자기가 이미 가지고 있는 지식을 발견하도록 돕는 일을 한다고 말하였다. 여기서 의문이 생긴다. 산모들은 아이를 임신하고 있는 것이 분명하지만, 젊은이들은 지식을 이미 가지고 있을까? 만일 지식을 가지고 있다면, 왜 산모와 달리 젊은이들은 자신이 지식을 가진 것을 모르고 교사의 입에서 나오는 지식을 받아들이려 하는 것일까?

이에 대한 소크라테스의 대답은 흔히 회상설(回想說)이라 불리는 설명이다. 소크라테스는 『메논(Menon)』이라는 대화편에서 신화에 근거하여 이를 설명한다. 그에 따르면 인간은 영혼을 가지고 있고, 그 영혼은 불멸의 존재다. 인간의 영혼은 태어나기 전부터 이미 지식을 가지고 있었다. 다만 인간의 영혼은 육체를 얻어 태어날 때 지식들을 망각해 버린다. 그래서 영혼들은 이전에 이미 알고 있었던 것임에도 불구하고, 지식을 배울 때 흔히 새로운 것을 배우는 것처럼 느낀다는 것이다. 소크라테스는 망각한 상태이기에 교사가 적절한 질문을 하면 영혼이 진리를 올바르게 회상해 낼 수 있을 것이라고 주장한다. 그는 노예 소년에게 피타고라스의 정리를 가르치는 시범을 보임으로써 교육은 곧 회상이라는 놀라운 주장을 증명한다.

그는 젊은이들이 영혼의 이성, 즉 인간의 선천적 특성을 계발하는 것이 곧 교육이라고 보았다. 그리고 그는 학생이 배우고 싶어 하는 내용을 가르치기보다, 그들이 진리를 알게 되기를 바랐다. 그는 이 일을 보수를 받지 않고 평생의 업으로 삼았다. 그 결과 그는 플라톤을 비롯한 우수한 제자들을 길러 낼 수 있었다.

소크라테스의 이데아론이나 신화적 요소를 전제하지 않으면 회상설은 의미 없다고 생각할지 모르겠다. 그러나 학습자가 처한 상황은 대체로 무지도 아니고 아는 것도 아닌 중간 단계에 있는 경우가 적지 않다. 우리는 아예 모르거나 정확하게 알기보다 모호하게 알거나 대충 알고 있다가 교육을 통해 분명한 판단, 개념의 획득으로 나아가기도 하기 때문이다. 교사가 가르친 내용을 학습자가 공감하거나 이해할 수 있는 것도 우리가 중간 정도의 앎 속에 있기 때문이다.

한편 소크라테스와 그의 후예들이 인간의 영혼이나 본성을 주장하는 이유는 무엇일까? 그들이 인간의 본성을 가정한 이유는 학습자의 탐구 역량에 대한 긍정이 가장 중요하다고 생각하기 때문이다. 인간이 지식을 획득할 수 있는 이성, 선천적 본성을 가지고 있다는 것은 학습자가 지식을 발견할 수 있는 역량을 가졌다는 것을 의미한다. 이것은 곧 교육이란 학습자의 주도로 이루어져야 한다는 견해를 뒷받침한다.

2. 퀸틸리아누스

소크라테스는 인간의 탐구 가능성, 본성에 대한 신념을 가지고 있었지만, 그가 제시한 교육방법은 문답법으로서 학생들이 가진 개성이나 관심을 충족시키는 교육방법은 아니었다.

소크라테스 이후 교육가들 중에서는 학생의 상태를 고려하여 교육해야 한다는 이들이 등장하였다. 그 대표적 인물은 로마시대의 교육가 퀸틸리아누스(Quintilianus, 35~95)이다. 퀸틸리아누스는 베스파시아누스 황제 시기에 국가로부터 봉급을 받는 수사학 교수로 활약한 인물이다. 당시 로마인들은 뛰어난 웅변가를 길러 내는 것을 중시하였는데, 퀸틸리아누스는 이런 웅변가를 길러 내는 교육방법을 체계적으로 저술하였다. 로마인들이 웅변가를 존중했던 이유는 공화정이었던 로마에서 웅변이야말로 출세의 가장 중요한 수단이었기 때문이다. 퀸틸리아누스의 『웅변교수론(Institutio Oratoria)』이 바로 그 목적을 위한 책이다.

이 책에서 그는 교육은 가능한 한 일찍 시작해야 한다고 강조한다.

> 학습의 기본적 요소는 기억에 달려 있다. 아이 때에 기억한 내
> 용이 가장 오래 지속된다.

또한 연령별 차이를 고려하여 어린 나이의 아이들을 너무 심하
게 몰아치거나 억지로 공부하도록 강요해서는 안 된다고 주장하
였다. 그는 이처럼 학생들의 연령에 따른 차이뿐 아니라 재능의
개인차 역시 인식하고 있었다. 그는 교사들이 이 두 차이를 고려
해야 한다고 보았다. 특히 개인차를 고려하는 것의 중요함을 다음
과 같이 강조하였다.

> 자신이 맡아 가르치는 학생들의 능력차를 정확하게 관찰하고
> 학생 개개인의 천성이 각각 어느 방향으로 기울어져 있는가를 확
> 인하는 것은 훌륭한 교사의 자질이다.[1]

이처럼 퀸틸리아누스는 웅변을 가르치는 데 있어서 학생의 개
인차, 연령차를 고려하여 가르쳐야 한다고 강조한 점에서 학생 중
심의 교육관을 견지하였다고 할 수 있다. 특히 아동의 천성, 개인
차는 현대적으로 해석하면 아동이 학습을 시작할 때 가지고 있는
일종의 흥미, 관심을 의미하는 것이라 할 수 있다. 퀸틸리아누스
는 개별 아동이 출발점에서 가지고 있는 흥미와 관심에 교사들이

---

1) 『웅변교수론』, 2권 8장 1절: Boyd, W. (1994), p. 113에서 재인용.

주의를 기울이고 활용할 것을 강조한 것이다.

하지만 퀸틸리아누스 역시 당시 사람들의 일반적 관점과 마찬가지로 아동을 지적으로 열등하고 기억력만 좋은 불완전한 성인으로 간주한 한계를 가지고 있었다. 그는 아동에게 성인의 지식과 기술을 그대로 수준만 낮추어 교육해야 한다고 보았다. 아동의 개인차와 연령차를 고려하기는 하지만, 아동이 가진 천성(개성, 개인차, 흥미) 자체가 교육의 목표나 교육과정이 되어서는 안 된다는 입장이었다. 그가 보기에 교육의 목표나 교육과정은 부모나 교사 같은 성인들이 결정해야 하는 것이었다. 다만 이런 교육을 진행할 때 학생들의 수준과 천성(흥미와 관심)을 고려하는 것이 효과적이라는 의견이었다. 이것은 일종의 '사탕발림식 교육' '당의정(糖衣精)식 교육'이라 할 수 있다. 이 점에서 퀸틸리아누스의 교육관은 여전히 교사 중심의 교육관에서 완전히 벗어난 것이라 평가하기 어렵다.

다만 그의 교육관은 로마시대 교육현장의 모습을 크게 변화시키지는 못하였다. 로마시대 교사들은 여전히 두 명의 훈육담당 조교의 체벌을 활용하면서, 로마 시민의 아이들에게 웅변술을 가르쳤다. 로마시대 이후에도 여전히 교사가 아동에게 일방적으로 지식을 전달하거나 아이들을 체벌로 훈육하는 교육방식은 유럽에서 계속 유지되었다. 특히 텍스트를 암기하도록 하는 교육방식이 널리 활용되었는데, 이런 암기 위주의 교육방식에 대해 근대의 교육가들이 문제를 제기하기 시작하였다. 그리고 이것은 실학주의라 부르는 새로운 교육 운동의 시작을 의미하였다.

3. 코메니우스

코메니우스(Comenius, 1592~1670)는 실학주의와 자연주의 교육사상가라고 할 수 있다. 그는 교육의 목표는 실제적인 것을 통해 인간이 선천적으로 가지고 있는 본성(자연, Nature)의 성장이라고 보았다. 그는 언어에 의해서만 교육할 것이 아니라, 학습자가 직접 사물을 감각하면서 성장하게 해야 한다는 점에서 실학주의자의 면모를 가지고 있었다. 코메니우스는 독실한 종교인이기도 했는데, 그래서 그의 교육관에는 종교적 요소가 강하게 남아 있었다.

코메니우스는 교육의 출발점을 인간의 생득적 본성에서 찾았다. 그는 인간은 태어날 때부터 지적·도덕적·종교적 성장 가능성을 가지고 있다고 보았다. 그는 이 본성, 곧 성장 가능성을 계발하여 표출하게 하는 것이 교육이라 규정하였다. 이 점에서 그는 본성에 부합하는 교육을 추구하는데, 그렇기에 그것을 합자연의 교육이라고도 부른다.

그는 체계적 교수법을 소개하고 있는 『대교수학(Didactica Magna)』에서 교육에 대한 그의 입장을 소개하고 있다.

『대교수학』 제5장: 지식, 덕성, 신앙의 세 가지 씨앗은 나면서부터 우리 속에 심어져 있다.

자연(Nature)이라는 말에 대해 우리가 뜻하는 것은 아담과 하와의 타락 이후에 모든 사람을 사로잡은 부패가 아니라 우리의 최

초 원형의 상태를 말한다. 출발점으로 되돌아가듯이 우리는 원상
태로 되돌아가지 않으면 안 되는 것이다.[2]

『대교수학』 제6장: 하나의 인간을 만들어 내려면 교육에 의해
서 형성하는 것이 필요하다.
우리가 보았듯이 지식과 덕성과 신앙의 씨앗은 나면서부터 우리
속에 숨겨져 있다. 그러나 실제적 지식과 덕성과 신앙 자체는 나
면서부터 주어지는 것이 아니다. 이것은 기도와 교육과 행함으로
습득되지 않으면 안 된다.[3]

교육방법에 있어서는 실학주의자들과 유사하게, 코메니우스는
실제 사물의 활용을 중시하였다. 그는 실제로 이런 관점을 반영한
라틴어 교과서 『세계도회(Orbis Pictus)』를 저술하였다. 이 『세계도
회』는 라틴어 교재이면서 그림을 사용했다는 점에서 당시로서는
매우 획기적인 교재였다. 『세계도회』는 최초의 시청각 매체로 제작
된 교과서로 평가되기도 한다. 그는 『세계도회』에서 그림의 각 요
소에 번호를 붙이고, 문장에서 그림 내용을 설명하면서 해당 요소
가 나오면 문장 중의 단어에도 동일한 번호를 붙였다. 예를 들면,
말 탄 사람 그림의 경우 '말안장'에 번호 1을 붙였다면, 문장에서 '말
안장'이란 단어가 나오면 거기에도 동일하게 번호 1을 붙였다.
코메니우스는 또한 다수의 학생을 대상으로 한 교수법도 개발
하였다. 그는 1인의 교사가 다수 학생을 가르치는 방식인 조장제

---

2) Comenius, J. A. (2007) 참조.
3) Comenius, J. A. (2007) 참조.

그림 9-1   코메니우스의 『세계도회』

수업 방식을 제안하였다. 코메니우스의 이 교육방법은 자연계의
모습을 모방한 것이었다. 그는 태양이 만물을 비추듯이, 교사가 모
든 아이를 감독·지도하는 교육 방식을 구상하였다. 그는 교사를
태양의 위치에 비유한 것이다. 그의 교수법은 한 명의 교사가 동 연
령, 동 진도의 다수 학생을 대상으로 동일한 교과 내용을 동시에 가
르치는 일제 교수법이었다. 그는 교사가 자연계에서 태양이 가진
권위를 가져야 한다고 보았고, 이를 부각시키기 위해 교실에 높은
교단을 설치하였다. 교단 위의 교사는 높은 곳에서 학생들을 내려
다보는 권위자이자 감독자로서의 면모를 가지게 되었다.

그러나 그가 제안한 수업 방식은 교사가 아이들에게 지식을 일
방적으로 전달하는 방식은 아니었다. 아이들을 10명 단위로 조를

편성하고, 각 조에는 조장을, 조장 위에는 총괄조장을 배치하였다. 그리고 이 조장들이 동료 조원들과 함께 대화와 연습을 하며 교사가 지도하는 내용을 익히는 방식이었다. 교사는 높은 교단에서 각 조의 조원들이 충실하게 학습하고 있는지 점검하고 지휘하였다.

또한 코메니우스는 교육과정의 정선(내용을 선별하는 것)과 조직화를 주장하였다. 이 중 교육과정의 조직화는 교육 내용이 계통과 체계를 갖추고 이에 입각한 순서에 따라 이루어져야 한다는 의미였다. 그는 교육 내용의 구성에 인간이 전 생애에 거쳐 배워야 하는 백과사전적 일반 지식 체계(범지 체계, 다양한 학문 포함)를 포함해야 한다고 보았다. 그리고 이 범지 체계의 내용은 학년(학급)별로 명확하게 구분되어야 하고, 그 순서는 적합하게 배열되어야 한다고 보았다. 이것은 근대적 교육과정 구성의 원리인 정선(엄격한 선별)과 조직화(체계, 순서에 따른 배치)를 제안한 것이라 평가 할 수 있다.

코메니우스의 일제 교수법은 본래 생도 간의 즐거운 상호학습이나 생도들의 적극적 활동을 기반으로 한 교육을 지향하였다. 그러나 벨(Bell, 1753~1832)과 랭카스터(Lancaster, 1778~1838)가 이런 지향을 변질시켰다. 그들은 코메니우스의 일제 교수법을 조교제라는 반복훈련 위주의 교수방식으로 변형했던 것이다.[4] 이들은 한 명의 교사가 천 명을 동시에 가르칠 수 있는 저렴한 교육방식으로 이 교육법의 가치를 선전하였다.

---

4) 우메네 사토루(1990) 참조.

코메니우스가 제안한 일제 교수법은 근대 공교육 체제의 가장 일반적인 교육 방식으로 자리 잡았다. 그러나 그가 강조하고자 했던 학생들의 자유롭고 유쾌한 활동을 통한 수업은 간과되었고, 적은 비용으로 다수를 가르칠 수 있다는 벨과 랭카스터의 생각이 공교육을 지배하기에 이르렀다.

4. 헤르바르트

헤르바르트(Herbart, 1776~1841)는 현대 교육학의 아버지로 평가할 수 있는 인물로서, 현대 교육학의 학문적 체계를 세우는 데 기여하였다. 그는 교육학이 목적에서는 실천철학인 윤리학에, 방법에서는 심리학에 기초해야 한다는 입장을 제시하였다.

헤르바르트는 흥미에 대해 주목할 만한 주장을 펼쳤다. 이전에 흥미를 아동의 천성이나 교육활동의 출발점으로 보던 것과 달리, 그는 교사가 형성해야 할 목표로서 바라보았다. 그는 교사가 관심을 기울여야 할 흥미가 선천적 선호나 관심이 아니었다. 그는 흥미를 지적 흥미와 윤리적 흥미로 구분하였고 이들의 형성을 강조하였다. 지적 흥미는 경험적 흥미, 사변적 흥미, 심미적 흥미로 구분하였고, 윤리적 흥미는 공감적 흥미, 사회적 흥미, 종교적 흥미로 구분하였다. 헤르바르트는 하나의 관심이나 흥미에 국한되지 않는 다면적 흥미의 균등한 형성을 교육의 목적으로 간주하였다.

이에 따라 아이들에게 어떻게 동기를 유발하고 수업에 흥미를 갖도록 하느냐 하는 것 외에도 아이들이 수업이 끝난 후, 즉 교육

받은 후 학습한 내용에 대해 흥미를 갖게 하는 것이 중요하게 부
각되었다.

한편 헤르바르트는 체계적 교육방법을 만들어 내기 위해 노력
하였다. 그가 생각한 교육은 개별 관념(개념, concept)을 마음이 인
식하도록 하는 활동이었다. 마음이 개념을 인식하도록 하기 위해
그는 네 가지 교육단계를 제안하였다. 그것이 명료-연합-계통-
방법이다. 이것은 일종의 수업단계 이론에 해당한다.

첫째, 학습할 개념과 관련된 요소를 분리하여 인식하는 단계이
다. 예를 들어 붉은색에 대한 개념을 학습하기 위해 사과를 교재
로 활용한다고 하자. 이때 학습자가 사과의 다양한 속성 중 색깔
에 집중하게 하는 것이다. 이를 명료 단계라고 하는데, 공부할 세
부 요소를 구분하여 인식하는 단계에 해당한다.

둘째, 학습자가 이제 분리하여 집중하고 개념(사과의 색깔)을 이
미 알고 있거나 경험한 현상과 결합하거나 비교하는 단계이다. 예
를 들어, 학습자가 접한 다른 붉은색 사물을 연상하게 하는 것이
다. 이를 연합 단계라 부른다.

셋째, 학습하고 있는 내용을 학습자의 사고 체계 안의 정확한
위치에 지정하여 모순 없이 개념이 자리 잡도록 하는 단계이다.
이것이 계통 단계로서 연합 단계에서 획득한 개념이 학습자 마음
에서 정확한 위치에 존재하도록 하는 것이다. 마치 무지개의 색깔
중에서 노란색의 위치를 일곱 개의 색깔 중 세 번째에 할당하는
것과 같은 것이다.

넷째, 앞선 단계를 거치며 획득된 관념을 다른 대상이나 상황에
응용·활용하는 방법을 인식하는 단계이다. 적용 능력을 확고히

하는 단계로, 헤르바르트는 이를 방법 단계라고 불렀다.

헤르바르트는 지식교육을 위한 교수방식, 교수과정의 체계화를 시도한 인물로 평가할 수 있다. 참고로 현재 한국의 수업에서 가장 널리 활용되는 교수 단계는 도입-전개-정리이다.

 참고문헌

우메네 사토루(1990). 세계교육사(김정환, 심성보 공역). 서울: 풀빛.

Boyd, W. (1994). 서양교육사(이홍우, 박재문, 유한구 공역). 서울: 교육과학사. (원저는 1921년에 출판).
Comenius, J. A. (1998). 세계도회(김은권, 이경영 편역). 서울: 교육과학사.
Comenius, J. A. (2007). 대교수학(정확실 역). 서울: 교육과학사.

제10장

학습자중심주의의 대두:
루소부터 듀이까지

겉으로 볼 때 수학, 지리학, 언어학, 식물학 등의 다양한 학문은 그 자체로 경험—인류가 쌓은 경험들—이다. 그러한 학문은 세대 간에 대대로 계속되는 인류의 노력, 고군분투, 성공의 누적된 산물을 나타낸다. 학문은 이러한 분리된 경험의 조각들을 단순히 축적해 놓거나 잡다하게 모아 놓은 방식으로 제시하지 않는다. 학문은 조직화되고 체계화된 방식, 즉 반성적으로 정식화된 방식으로 산물을 제시한다. 그러므로 아동이 현재 경험을 통해 얻게 되는 사실 및 진리와 교과내용 속에 포함된 사실과 진리는 동일한 실재에 대한 시작과 끝의 관계이다.

– 듀이(Dewey), 『아동과 교육과정』 –

이 장에서는 현대의 아동중심주의 혹은 진보주의 교육의 형성에 지대한 영향을 미친 루소, 페스탈로치, 존 듀이의 교육관을 검토한다. 특히 이들은 공통적으로 교사중심, 교과중심, 주입식의 교육방식에 반대하였다. 이런 입장들은 교육이란 어른들이 아동에게 지식이나 습관, 태도를 알려 주는 것이라고 본다. 아이들은 무지 상태에 있거나 혹은 불완전한 존재이다. 따라서 어른들이 아이들에게 어른의 사고방식이나 습관 지식을 갖도록 주입해야 한다고 본다. 이 과정에서 아이들의 흥미나 관심은 무시되거나 혹은 교과를 가르치는 데 이용된다. 이런 교육에 대해 반대한 이들의 이야기가 이 장의 주제이다.

1. 루소

루소(Rousseau, 1712~1778)는 전근대교육과 현대교육의 사상을 구분해 주는 기점이 되는 사상가다. 루소는 특히 아동/학습자 중심의 교육론을 전개하였고, 이것은 현대의 교육사상에 커다란 영향을 미치고 있다. 루소가 아동중심주의 교육론을 전개하게 된 이유는 그가 불우한 어린 시절을 보냈다는 점에서 찾을 수 있다. 루소는 어린 시절 금속조각공의 도제로 보내졌다가 가게에서 뛰쳐나온 후 독학하다시피 하여 사상가로 성공한 인물이다.

루소는 당시의 사회 제도에 대해 비판적 입장을 꾸준히 견지하였다. 그는 기본적으로 교육제도를 포함한 사회 제도는 자연에 역행하는 것으로서 인간을 악하게 만든다는 관점에 서 있었다. 루소의 초기 입장은 사회나 부모가 개인을 교육하는 것에 대해 부정적입장이었다. 이를 보여 주는 것이 데퓌네 부인이라는 귀부인과의문답인데, 데퓌네 부인이 아이를 교육하는 것이 매우 어려운 일이라고 말하자 다음과 같이 대답했다고 한다. "부인, 저도 동감입니다. 자연은 아버지와 어머니가 교육을 하도록 하지 않았으며, 그와 마찬가지로 자녀도 교육을 받도록 하지 않았습니다." 계속해서 루소는 자연 상태에서 살고 있는 야만인들은 가르치는 사람 없이 교육이 저절로 이루어진다고 말하였다. 이에 대해 데퓌네 부인이 우리는 이미 야만인이 아니므로 교육이 필요하다고 하자, 루소는 사회의 재구성, 즉 사회가 자연에 부합하는 방향으로 인간의본성을 거스르지 않는 쪽으로 변화한다면 가능할 것이라는 요지의 답변을 한다.

루소는 이후, 『에밀(Emile)』이라는 교육 소설을 통해 어떻게 교육을 해야 할지에 대한 자신의 의견을 피력하였다. 다행히도 그는여기서는 교육이 필요 없다고 보지 않는다. 다만 『에밀』에 나타난교육은 과거의 교사주도, 부모주도, 지식 위주의 교육이 아니었다. 『에밀』에서 루소가 강조한 교육은 우리가 흔히 진보주의 교육이라 부르는 방식과 매우 유사한 것이었다. 진보주의는 아동이 자신의 흥미에 기반하여 생활 속의 경험을 토대로 성장하는 것을 강조한다.

루소가 본 교육은 인간의 자연성(본성)의 발달을 다양한 경험을 통해 촉진하는 과정이다. 여기에서 인위적 교육은 인간이 본래가진 선한 본성을 기르기보다 인간의 자연성을 해칠 우려가 있다는 점에서 위험하다. 루소는 서적 중심의 주지주의적 교육을 비판하고, 본성-자연성을 발달시키는 전인적 교육을 강조하였다. 『에밀』에서 루소는 학습자 성별의 차이, 연령에 따른 발달의 차이 등을 지적하고, 그에 따른 교육을 강조한다. 특히 그는 아동은 본래 마음의 발달 방향을 가지고 있으며, 이를 교사들이 방해해서는 안 된다고 보았다. 즉, 발달단계에는 각 단계에 해당하는 완성과 성숙(자연적 발달로서 그 단계에서 달성해야 하는 역량, 발달목표의 성취를 의미)의 기준이 있으며 부모가 이를 어기고 어른들의 완성과 성숙 기준이나 목표를 제시하는 것을 루소는 반대했다.

루소는 『에밀』 속 주인공 '에밀'의 교육은 사회 속에서가 아니라 가능한 사회의 영향력에서 벗어나서 이루어져야 한다고 본다. 이를 위해 외부 사회의 영향을 가능한 한 적게 받도록 부모나 가정교사가 에밀을 교육해야 한다. 동일한 이유로 외부와의 접촉은 줄이거나 관리되어야 한다. 이렇게 할 때 아이는 자연에게 교육을 받으며 성장한다. 루소는 교육을 크게 세 종류로 구분한다. 그것은 자연이 하는 교육, 사물이 하는 교육, 인간이 하는 교육이다. 이 중 자연이 하는 교육은 본성의 자연적 발달을 의미하며, 인간이 하는 교육은 부모나 교사가 하는 교육이고, 사물의 교육은 사물을 경험하면서 일어나는 성장을 의미한다. 루소는 이 중 자연의 교육이 주축이 되고 인간의 교육과 사물의 교육이 이를 보조하며 지원하는 것이 합자연의 교육이라고 한다. 루소가 제안한 교육 원칙을 정리하면 다음과 같다.

첫째, 교육은 타고난 본성의 발달을 지원하는 소극적 교육이 되어야 한다. 교사나 부모가 아이에게 인위적 강요와 의도적 훈련을 부과해서는 안 된다. 아동이 자연이 계획한 방향에 따라 성장하도록 지원하는 교육을 해야 한다. 결국 교사나 부모는 소극적 태도를 유지해야 한다. 그러나 이것이 아이를 방임하라는 의미는 아니다.

둘째, 교육은 아동 개인의 천성에 일치하도록 이루어져야 한다. 사회의 필요나 요구는 가능한 한 제한되어야 하며, 개인의 흥미나 필요에 입각해 교육이 이루어져야 한다. 이는 당시 프랑스 교육이 교사중심, 교과중심이었던 것에 대한 포괄적 비판이라 평가할 수 있다.

셋째, 직접적 경험을 통한 교육이다. 아동들은 언어로 배우기보다 아동 자신의 경험을 통해 배워야 한다는 원칙이다. 루소의 입장은 아동 자신이 경험하지 않은 것은 그 의미나 내용을 충실하게 이해할 수 없다는 것이었다.

넷째, 아동은 발달단계에 따라 그 내용과 목적을 설정하고 교육해야 한다. 루소는 발달단계를 크게 4단계로 보았다. ① 유년기는 1~5세로, 유아의 신체적 기능이 원활하게 발달할 수 있도록 도움을 주어야 하는 단계이다. ② 소년기는 5~12세로, 아이가 신체의 감각을 성장시키는 시기이다. 아이들은 사물의 양과 무게를 측정하고 사물의 법칙이 존재하는 것을 실감하게 된다. 도덕적 교육 역시 자연에 맡겨야 한다. 따라서 훈육보다는 아이가 자신이 행동한 결과를 직접 경험하며 도덕적 태도를 형성하게 한다. ③ 청소년기는 12~15세로, 아이의 지적 성장이 활발하게 이루어지는 시기이다. 아이는 사물과 세계에 대한 경험을 통해 스스로 생각하고 판단할 수 있는 능력을 기른다. 기성 사회의 지식을 일방적으로 전달할 것이 아니라 자신의 경험 속에서 스스로 발견하도록 해야 한다. 사물과 세계가 교과서가 되어야 하므로 독서는 멀리한다. 다만 『로빈슨 크루소(Robinson Crusoe)』는 추천한다. ④ 청년기는 15~20세로, 아이의 도덕적ㆍ종교적ㆍ사회적 자질을 형성하는 단계이다. 도덕교육은 타인과의 접촉, 교사의 모범, 역사 위인들의 교훈을 통해 한다. 종교교육은 18세 이후에 실시한다. 또한 이성에 대해 관심을 갖게 되므로 남성과 여성의 사회적 역할 및 관계에 대해 알게 한다.

에밀의 교육 사례들을 살펴보면 다음과 같다.

• 소년기 도덕교육

여러분의 제자에게 말로 하는 어떤 종류의 교훈도 주어서는 안 된다. 아이는 체험에 의해서만 교훈을 얻어야 한다. 어떤 종류의 처벌도 가하지 말라. 왜냐하면 아이는 잘못을 저지른다는 것이 무엇인지 모르기 때문이다. 아이에게 절대로 용서를 빌도록 시켜서도 안 된다.…(중략)… 아이가 하는 행동에는 어떤 도덕성도 없기 때문에 아이는 도덕적으로 나쁜 행동, 처벌이나 질책을 받을 만한 행동을 결코 할 수 없다.[1]

• 경험 없이는 제대로 배울 수 없다.

그리하여 나는 그가 칭찬이 자자한 알렉산더 대왕의 용기를 누구보다도 찬양하고 있다는 것을 알았다. 그런데 여러분은 그가 어디서 그 용기를 보았는지 알겠는가? 오로지 맛이 고약한 물약

---

1) Rousseau, J. J. (2007) 참조.

을 주저하지 않고 조금도 싫은 기색 없이 단숨에 삼켜 버렸다는 데서만 보았다. 보름 전 사람들이 약을 먹여 그것을 무척이나 고통스럽게 삼켜야 했던 그 가엾은 아이는 아직도 입에 약의 쓴맛이 남아 있었던 것이다. …(중략)… 나는 아이들에게 역사를 가르친다고 생각하는 아버지들과 선생들의 고고한 지혜를 혼자 비웃으며 집으로 돌아왔다.[2]

학습자의 흥미와 관심을 중시하고 이를 교육의 목표 수준으로까지 끌어올린 루소의 교육사적 기여는 높이 평가할 만하다. 그러나 그의 교육방식은 학교라는 교육실천의 장에서 시행하는 데에는 커다란 한계를 가지고 있었다. 루소는 『에밀』에서 가정교사 혹은 부모가 1명의 아이를 가르치는 상황을 이상적 교육의 방식으로 제시하였다. 이것은 다수의 학생을 대상으로 1명의 교사가 가르치는 일반적 학교의 상황과 매우 다른 것이었고, 이런 이유로 일반적 학교에서 그의 교육방법을 시행하기 위해서는 페스탈로치라는 교육실천가를 기다려야 했다.

루소의 교육 원칙은 매우 급진적 요소를 가지고 있다. 또한 아동의 발달단계에 대한 인식과 교육 내용에 대한 논의는 과학적 자료에 입각한 것이 아니라는 한계를 가진다. 그러나 이런 한계에도 불구하고 교육의 초점을 교과에서 아이, 곧 학습자로 돌렸다는 점에서 큰 의미가 있다. 그에게 교육은 아이의 미래를 위해 아이가 원하지 않는 것을 가르치는 것이 아니었다. 아동은 자신의 현

---

2) Rousseau, J. J. (2007) 참조.

재 삶을 위해 교육받아야 한다는 것이 루소의 입장이었다. 아동은 미래의 직업을 위해서가 아니라, 자신이 지금 알고 싶고 해결하고 싶은 것에 대해 배워야 한다.

하지만 현재 한국 교육은 아이의 미래를 위해 교육하고 있다. 아이의 미래를 위해 교육한다는 말을 매우 훌륭하게 보는 풍조 역시 강하다. 그러나 그 과정에서 아이들의 현재적 흥미나 관심, 적성은 무시되기 일쑤다. 또한 아이를 위해 어른들이 짐작한 미래의 모습이 부정확할 수 있다는 점도 충분히 고려되지 않고 있다. 미래 준비 교육의 가장 큰 문제는 아이들을 미래의 주인이나 사회개혁자가 아니라, 사회에 충실히 순응해야 하는 존재로 본다는 것이다. 이는 아이들이 미래사회를 새롭게 만들어 나가고 변화시킬 권리와 기회를 무시할 우려가 있다.

2. 페스탈로치

스위스에서 태어난 페스탈로치(Pestalozzi, 1746~1827)는 루소의 후계자로 평가되는 교육실천가이다. 페스탈로치가 교육사상면에서 독창성이 없거나 가치가 없는 것은 아니다. 그러나 그의 더 중요한 기여는 루소가 하지 못한 교육현장의 상황을 실제로 바꾸려 했다는 점이다. 그는 고아들을 대상으로 전인교육을 지향하는 노작교육, 경험교육을 실시하였다.

페스탈로치의 교육관은 대부분 루소의 견해를 받아들였다. 다만 조금 차이가 있다면 루소가 인간성의 성장을 가능한 사회로부터의 격리를 통한 자연적 성장에서 찾았다면, 페스탈로치는 사회적 삶, 즉 학교나 지역공동체 내에서도 인간의 올바른 성장이 가능하다고 보았다는 점이다.

페스탈로치는 루소의 교육 이상을 실제로 자신이 설립한 학교에서 고아들을 모아 가르치면서 실천하였다. 그는 슈탄스, 부르크도르프 등에서 고아원이나 초등교육시설을 운영하였다. 그는 고아들과 함께 생활하며 노작교육(노동하면서 배우는 교육) 등을 통해 아이들이 공동생활 속에서 성장할 수 있도록 하였다. 그리고 그의 교육관은 이런 실천의 과정에서 다듬어진 것이었다. 페스탈로치는 루소의 교육관을 아동들의 공동체 혹은 학교라는 교육제도 내에서 실현하려 했다는 점에서 긍정적 평가를 받을 만하다.

페스탈로치는 특히 일제강점기 일본에서 위대한 교사로 추앙받았고, 이때 우리나라에도 소개되었다. 1970년대에는 우리나라 초등교과에서 '유리조각 줍는 노인'으로 묘사된 바 있다. 거기에서 그는 아이들을 위해 헌신하는 교사상으로 표현되었다.

3. 존 듀이

존 듀이(John Dewey, 1859~1952)는 미국의 대표적 교육학자로서, 학습자중심주의(아동중심주의)와 프래그머티즘(pragmatism)에 근거한 교육론을 확립한 인물이다. 그는 실제로 학교현장의 모습을 이 두 입장에 근거하여 변화시키려 하였다. 그의 입장은 특히 미국의 진보주의 교육 운동에 큰 영향을 미쳤다. 이 진보주의 교육 운동은 현대 한국의 학교교육에도 적지 않은 영향을 미치고 있다.

먼저 그의 사유체계를 구성하고 있는 프래그머티즘은 '지식은 유용한 도구여야 한다'는 입장이다. 이는 지식을 하나의 탐구 도구로 보는 입장이다. 프래그머티즘에서는 특정 지식이 절대적인가 확실한 진리인가에 대해 관심을 기울이지 않는 대신 그것이 새로운 지식으로 나아가는 데 유용한 도구로서 기능하는가를 중시한다.[3] 단, '이것을 먹고 사는 데 그 지식이 유용한가'[4]라는 의미는 아니다. 듀이의 입장은 하나의 지식이 문제 해결 및 새로운 탐구활동으로 나아가는 데 있어서 유익해야 함을 의미한다.

이런 이유로 듀이는 교육의 목적을 다른 외적인 것에 한정하지 않는다. 듀이의 교육과 성장에 대한 언술을 정리하면 다음과 같다.[5]

> 삶은 발달이며, 발달 또는 성장이 곧 삶이다. 이것을 교육의 관점에서 고쳐 쓰면, 첫째로 교육의 과정은 그것 자체가 목적으로서 그것을 넘어선 목적을 지니지 않는다는 것과 둘째로 교육의 과정이란 계속적인 재조직, 재구성, 변형의 과정이다.

> 학교교육의 가치를 판단하는 기준은 그것이 계속적으로 성장하고자 하는 열망을 얼마나 불러일으키는가 그리고 그러한 열망

---

3) 엄태동(2003), p. 88 참조.
4) 엄태동(2003), p. 88 참조.
5) Dewey, J. (2007) 참조.

이 실제로 실현될 수 있도록 필요한 수단을 얼마나 제공하는가
하는 점이다.

듀이는 과거의 교사중심, 교과 내용 전달 위주의 교육방식을 부
정하고 아동의 주체성과 그것에 근거한 경험 그리고 실제 삶을 교
과에 연결시키려 노력하였다. 그의 교육에 대한 입장은 '경험의,
경험에 의한, 경험을 위한 교육'이라는 민주주의의 명구를 빗댄
표현에서 잘 드러나 있다. 듀이는 교육이 경험을 통해 이루어져야
한다는 입장이었다.

듀이는 경험을 인간이 외부로부터 일방적으로 영향을 받는 과
정, 즉 수용 과정으로만 보지 않았다. 그는 경험에 그것을 겪는 주
체의 성향이 개입될 수밖에 없다고 보았다. 주체는 수동적 입장에
서가 아니라 능동적 입장에서 어떤 경험을 하게 된다. 듀이가 들
었던 예 중에 '촛불에 손을 덴 아이와 그렇지 않은 아이'는 촛불을
대하는 태도가 다르다는 것이 있다. 사실 동일한 촛불이지만 개인
에 따라 다르게 받아들인다. 경험은 인식하는 주체에 따라서 그
성격이 달라진다.

한편 인간 역시 과거의 경험으로부터 영향을 받는다. 인간이 사
물이나 사건에 대해 취하는 태도나 판단, 느낌은 선천적인 것이
아니라 과거의 경험들이 형성한 것이다. 주체 자신은 과거의 경험
이 만들어 준 것이다. 개인은 자신의 과거 경험을 통해 자신의 습
관, 즉 생각, 태도, 관점 등 마음을 형성한다. 개인의 마음은 결국
이전 경험들의 결과이자 형성물이다.

이처럼 주체로서의 개인과 경험이 서로 영향을 주고받는 것을

교호작용(交互作用)이라 부른다. 개인의 습관이나 태도는 현재 그가 경험하는 것에 영향을 주고, 또 그런 경험으로부터 영향을 받아 기존의 습관이나 태도가 변화하게 된다. 이 점에서 개인과 경험은 교호적 관계에 있다. 이에 대해 듀이는 "모든 경험은 이전의 경험으로부터 무엇인가를 취하고, 뒤따르는 경험의 질을 모종의 방식으로 변화시킨다"라고 설명한다.

경험과의 교호작용은 학교라는 교육기관 내에서만 일어나는 것이 아니다. 그것은 인간이 생명이 다할 때까지 일어나는 계속적 과정이다. 이런 경험과의 교호작용에서 개인의 성찰은 중요한 역할을 수행한다. 성찰 없이 단지 어떤 활동을 해 본다고 해서 경험이 완성되는 것이 아니다. 듀이는 무엇인가를 해 보는 것에 그치지 않고 그것에 대한 성찰 행위 혹은 반성이 이루어질 때 그것이야말로 진정한 경험이라고 보았다. 예를 들어, 피아노 독주회에 다녀왔다 하더라도 다녀온 것에 그칠 뿐 그것에 대한 감상, 의견, 생각이 없다면 이는 성찰과 반성이 결여된 것이다. 그렇기 때문에 그것은 의미 없는 경험이다. 이런 경험은 아무리 많이 해도 개인에게 긍정적 변화를 가져오지 못한다. 경험한 것에 대한 성찰이 동반될 때 비로소 그 경험은 학습자에게 의미 있는 것이 된다.

듀이가 이처럼 경험을 통한 학습을 강조했기 때문에 가장 많이 받게 된 비판은 그가 기존의 교과, 특히 실제 삶에서 그 가치를 느끼기 어려운 지식교과들의 가치를 무시한다는 것이었다. 실제 생활의 경험을 통해 아이들이 학습하기를 기다리는 순간, 기존의 학문체계나 지식은 학교교육에서 설 자리가 없어지기 때문이다.

듀이는 이런 지식교과들 역시 인류가 만들어 온 경험의 정수 혹

은 축적물이라는 점에서 가치가 있다고 본다. 다만 그것을 최종적
형태, 즉 이론화된 형태로 아이들에게 제시해서는 안 된다는 것이
었다. 듀이는 이를 다음과 같이 표현한다.

성인의 교과는 아동의 교과가 장차 도달할 수 있는 가능태를
나타내는 것이기는 해도 현재의 상태는 아니다. 그것은 전문가나
교사의 활동 속으로는 직접 들어올 수 있지만 초보자나 학습자의
활동으로는 들어올 수 없다.[6]

전문가가 아닌 사람들(아동)에게 (과학과 같은 체계적 지식이
지닌) 완성된 체제는 걸림돌이 된다. …(중략)… 과학적 지식은
일상생활의 삶 속에서 아동들이 직면하는 자료들과 연결된 관련
성을 보여 주지 못한다.…(중략)… 학습자의 입장에서 보면 과학
의 체제는 장차 성취해야 할 이상(목표)이기는 해도 거기서부터
과학 공부를 시작해야 하는 것은 아니다.[7]

이 점에서 교사는 아이들에게 기존의 학문적 지식을 가르치지
않는 것이 아니다. 교사들은 인류가 만들어 온 최종 결과물을 아
이들에게 제시하는 강의식 · 전달식 교육을 하는 대신, 아이들이
활동과 경험 속에서 결국 인류가 도달한 최종적이며 동일한 결론
에 이르도록 이끌어야 한다.

듀이는 학생들의 생생한 경험에서 출발하여 학문적인 사고의

6) Dewey, J. (2007) 참조.
7) Dewey, J. (2007) 참조.

방법으로 나아가는 발생적 방법(Chronological method) 또는 심리적 순서에 의거한 교과학습을 추천한다.[8]

듀이에 따르면 아동들의 마음 상태는 성인이나 전문가들의 마음 상태와 다르다. 성인들은 자신들이 배운 교과와 학문의 체계에 따라 분석적으로 세상을 이해한다. 하지만 아동들이 보는 세계는 추상적인 원리나 법칙의 세계가 아니라 구체적인 사실들의 세계이며 그 사실들은 미분화된 전체로서 서로 뒤섞여 있다. 듀이의 주장은 이런 상태에 있는 아동들에게 성인들이 가진 추상적 개념이나 이론을 알려 주면 안 된다는 것이다.

그러나 듀이는 교과를 구성하는 학술적 개념이나 이론의 가치를 부정하지는 않는다. 다만 그것을 아동에게 의미 있게 가르쳐야 하며, 의미 있게 가르치기 위해서는 아동의 구체적인 생활 경험과 관련을 맺는 형태로 제시되어야 한다는 것이다.[9] 즉, 아동은 구체적 경험에서 출발하여 점차 풍부한 경험을 획득하고 이어서 체계화된 지식으로 나아가야 한다는 것이 그의 주장이다.

아동의 마음과 성인의 마음은 동일한 것이 아니다. 그러므로 이들 마음에 적합한 교과 역시 동일할 수 없다. 성인의 마음을 형성하거나 성장시키는 데에 가치가 있는 교과라고 해서 그것이 곧 아동의 마음과 관련해서 그런 것은 아니다. 학습자가 도달해 있는 성장의 단계를 고려하지 않고 어떠한 교과나 교육방법 등이

8) 엄태동(2003), p. 95 참조.
9) 엄태동(2003), p. 94 참조.

가치를 지닌다고 말할 수는 없다.[10]

이에 근거해 그는 교과의 전개 단계를 세 가지로 구분한다. 첫 번째 단계의 교과들은 무엇인가를 할 줄 아는 지식의 형태이다. 예를 들면, 정원 가꾸기, 옷감 짜기, 목공, 재배하기, 물건 사고팔기, 자전거 타기 등이다. 아동들은 교사와 함께 이런 활동들을 수행하면서 다양한 문제에 부딪히게 되고 이를 해결하는 데 관심과 호기심을 가지게 된다. 물론 이 때 교사들은 아동이 관심과 호기심을 갖도록 유도한다.그 과정에서 문제해결을 위한 답을 제시하는 정보나 자료가 두 번째 단계의 교과이다. 이 두 번째 단계의 자료로는 경험담이나 읽을거리, 볼거리 등 간접 경험 등이 제공될 수 있다. 그리고 마지막 단계에서 이런 문제와 해결 과정 및 해답 등을 추상적인 개념과 용어로 정리해 놓은 성인이나 전문가들의 교과로 나아간다. 이것이 바로 세 번째 단계의 교과, 곧 이론적 교과이다.[11]

듀이의 이런 교육적 관점은 미국의 진보주의 운동가들에게 큰 영향을 미쳤다. 그러나 진보주의자들의 경우 듀이의 사상에서 아동의 현재 마음 상태와 교과 간의 격차문제를 해결하는 데 있어서 듀이의 입장을 오해하였다는 지적이 있다. 진보주의자들은 아동의 현재 마음 상태, 즉 흥미에만 집중하여 이를 토대로 교육 내용을 구성하려 하였다. 그들은 "흥미를 교육의 방법 측면에서만 적용하려는 것이 아니라, 그것에 전적으로 의존하여 교과를 새로 구

---

10) Dewey, J. (2002) 참조.
11) 엄태동(2003), pp. 96-97 참조.

성하려 하였다."12) 그리고 그 결과, 전통적 교과목들을 체계적으로 교수하는 것을 소홀히 하였다.

이런 진보주의를 지지하는 많은 교육가들은 1900년대 초반 미국에서 활발하게 활동하였다. 이 진보주의자들은 공립학교의 개선에서 상당한 성과를 거두었다. 학생들의 적성과 필요에 따른 교육을 실시하려 하였고, 기존의 강의식 수업을 탈피하기 시작하였다. 또한 생활적응 교육이 도입되고, 학교에서 직업현장에서 필요한 내용도 가르치기 시작하였다. 특히 이런 진보주의는 학생들의 IQ테스트(지능검사)와 연계되어, 아이들을 적성에 따라 상급학교에 진학할 학생과 취업할 학생으로 구분하는 경향도 나타났다.

진보주의가 교육이 나아갈 본질적 부분을 보여 주기는 했지만, 그 과오 역시 적지 않다. 우선 아이들을 적성에 따라 교육한다는 이유로 직업교육을 받을 아이와 진학할 아이로 구분하기 시작하였다. 이는 특히 흑인을 비롯한 유색인종이 상급학교에 진학할 기회를 박탈하는 결과로 나타났다. 또한 학교교육에서 생활교육을 강조한 것이 곧 직업교육으로 간주되면서 아이들의 행복이나 삶의 질 향상이라는 진보주의의 본질적 목적은 쇠퇴하였다.

우리나라에도 진보주의 교육은 일제강점기 후반부터 소개되었다. 일제는 황국신민화 교육을 추구하면서도, 교육방법상으로는 아이들의 자발성과 생활 연계를 강조하는 진보주의의 기법을 활용하였다. 당시에 초등 저학년의 통합교과 운영이나 비교과활동(학예회, 소풍, 체험학습, 운동회) 등의 강화는 진보주의의 일정한 영

12) 박천환(2012), p. 106 참조.

향을 받은 것이었다. 그러나 진보주의가 추구하는 민주적 정신이
나 자유정신의 추구는 일제강점기 교육현장에서는 찾아보기 어려
웠다.

해방 후에는 미군정기부터 '새교육 운동'이라는 이름으로 진보
주의 교육을 수용하기 위한 노력이 전개되었다. 진보주의 교육은
새교육이라 불리었는데, 이를 이론 면에서 가장 먼저 소개한 사
람은 오천석이었다. 듀이에게 강의를 들은 적이 있던 오천석은
1946년 11월 『민주주의교육의 건설』이란 책을 통해 듀이의 교육
사상을 국내에 소개하였다.[13] 당시의 새교육 운동은 주로 초등교
육을 대상으로 하였으며, 학습지도법을 개선하려는 데 주력하였
다. 하지만 1950년대까지 한국의 교육 여건이 새교육 운동을 실
현할 만한 여건을 갖추지 못하고 있었다는 점에서 미완의 교육 운
동으로 끝나고 말았다. 학급당 학생 수가 70명을 상회하는 상황
에서 학생들의 자발적 활동과 참여를 이끌어 낸다는 것은 사실상
불가능하였기 때문이다.

 참고문헌

김정국(1999). 헤르바르트와 듀이의 흥미론 비교: 도덕교육에 주는 시사.
　　도덕교육연구, 11. 한국도덕교육학회.
박천환(2012). 듀이의 경험이론과 교육인식론. 서울: 학지사.

13) 한국민족문화대백과사전 편찬부 편(1991) 참조.

엄태동 편(2001). 존 듀이의 경험과 교육. 서울: 원미사.

엄태동(2003). 존 듀이의 초등교육론 연구. 초등교육연구, 13. 청주교육대
　　학교초등교육연구소.

오천석(1947). 민주주의 교육의 건설. 서울: 국제문화공회.

한국민족문화대백과사전 편찬부 편(1991). 한국민족문화대백과사전. 경기:
　　한국정신문화연구원.

Dewey, J. (1988). (존 듀이) 민주주의와 교육: 교육철학 개론(이홍우 역). 서
　　울: 교육과학사. (원저는 1916년에 출판).

Dewey, J. (2008). 아동과 교육과정 경험과 교육(박철홍 역). 서울: 문음사.
　　(원저는 1948년에 출판).

Rousseau, J. J. (2007). 에밀 또는 교육론 2권(이용철, 문경자 공역). 경기:
　　한길사. (원저는 1962년에 출판).

제11장

교육관의 갈등:
진보주의, 본질주의, 항존주의, 포스트모더니즘, 신자유주의

어떤 교과든지 지적으로 올바른 형식으로 표현하면 어떤 발달단계에 있는 어떤 아동에게도 효과적으로 가르칠 수 있다. …(중략)… 교사가 단순히 '지식의 전달자'에 그칠 수 있다면 얼마나 다행할 것이며, 교육의 문제 또한 얼마나 단순해질 것인가! 그러나 '불행하게도' 교사는 지식의 전달자임과 동시에 '학문의 모범'이요 '동일시 모형'이다.

– 브루너(Bruner), 『교육의 과정』 –

근대 루소 이래로 아동중심주의의 대두는 학습자를 보는 관
점을 새롭게 하면서 교육의 목표와 방법에 대한 논란을
불러 일으켰다. 미국에서는 20세기 초 듀이의 교육관에 호응하여
진보주의 교육 운동이 일어났다. 그리고 본질주의자들과 항존주
의 교육가들은 이런 진보주의를 비판하였다. 이 장에서는 현대의
교육사상가들의 입장들을 검토한다.

1. 진보주의

앞 장에서 듀이의 교육관에 대해 살펴보았다. 듀이의 교육관,
즉 아동중심주의와 프래그머티즘(지식-도구주의)에 호응한 다수
의 미국 교육자들은 이를 근거로 당시의 교육에 변화를 불러왔다.
이러한 진보주의(Progressivism, 進步主義)를 주장한 진보주의자들
은 과거의 교사 주도의 교육, 학문 위주의 교육에 대해 비판하고,
현장에서 아동의 흥미를 존중하고 경험을 통한 교육을 실시하려
고 하였다. 진보주의자들은 교육의 전 과정이 아동의 흥미에 입각
하여 이루어져야 하며, 아동 흥미의 충족이 교육의 목표가 되어야
한다는 입장이었다. 이런 입장에서 진보주의자들은 기존의 학문
중심, 지식위주로 이루어진 전통적 교과목들의 가치에 대해 부정
적이었다.

진보주의자들은 진보주의 교육협회를 구성하여 활동을 전개하
였다. 진보주의 교육협회의 강령은 〈표 11-1〉과 같다.

〈표 11-1〉 진보주의 교육협회 강령

1. 아동은 외적 권위에 의하지 않고 자신의 사회적 필요에 의해 자연스럽게 발달할 자유를 누려야 한다.
2. 아동의 흥미와 요구의 충족이 모든 학습과 활동의 동기가 되어야 한다.
3. 교사는 아동의 활동을 고무하고 적절한 정보를 제공하는 안내자가 되어야 한다.
4. 아동의 평가는 지적인 면에 대한 것뿐 아니라 아동의 신체적 · 정신적 · 도덕적 · 사회적 특징에 대한 평가를 포함하는 것으로 아동의 발달과 지도에 도움이 되는 것이어야 한다.
5. 가장 중시되어야 할 것은 아동의 건강이기에 학교의 시설, 환경, 인적 조건은 쾌적해야 한다.
6. 학교는 학부모와 긴밀한 협조 관계를 유지하면서 아동의 교육에 힘써야 한다.
7. 진보주의 학교는 좋은 전통 위에 새 것을 담는 실험학교로서 교육개혁 운동의 중핵이 되어야 한다.

이 일곱 가지 강령에 나타나듯이 진보주의자들은 아동의 자연스러운 발달과 흥미 욕구의 충족을 강조한다. 특히 교사의 역할을 아동을 보호하고 안내하는 역할로 규정하였다. 이런 진보주의 교육의 원리는 〈표 11-2〉에 정리되어 있다.[1]

〈표 11-2〉 진보주의 교육 원리

• 교육은 현재의 생활 그 자체이지 미래의 생활을 위한 준비가 아니다.
• 학습은 아동의 흥미와 직접 관련되어야 한다.
• 교육방법은 교과내용의 주입보다는 문제 해결식 학습이어야 한다.
• 교사의 역할은 조언이다.
• 학교는 경쟁보다 협력을 장려해야 한다.

---

1) Kneller, G. F. (1990) 참조.

　진보주의의 교육 원리들이 완전히 새로운 것은 아니었다. 교육 원리의 대부분은 루소 이래로 유럽의 교육가들이 준비해 온 교육의 이념들을 부활시킨 것으로 이루어져 있다. 특히 아동의 현재의 삶에 대한 관심이나, 학습이 아동의 흥미와 관련되어야 한다는 점, 교사의 보조적 역할 등은 루소가 이미 강조한 것들이었다.

　한편, 진보주의자들은 문제 해결식 학습, 즉 문제를 학생들이 스스로 해결하면서 해결 과정에 필요한 지식이나 기술을 익히는 학습을 강조하였다. 이것은 그들이 프래그머티즘, 즉 지식이 삶의 문제 해결에 유익한가를 강조하는 것에 기초한 교육관을 가졌기 때문이었다. 그들은 문제 해결의 과정을 통해 학생들이 지식과 기술을 익히기를 기대하였다. 이런 문제 해결의 과정에서 중요한 것은 같은 문제에 직면한 또래들과의 협력이다. 동일한 문제도 혼자가 아니라 또래들의 도움을 받으면 보다 쉽고 훌륭하게 성취할 수 있다. 그러나 이를 위해서는 또래들과 협력하여 서로의 역량을 충실히 끌어낼 수 있어야 한다. 이 점에서 그들은 협력의 가치를 강조한다.

　진보주의 교육은 아동이 관심 있는 내용을 소재로 하여, 아동의 흥미를 지속하면서 생활 속에서 지식과 기술, 태도를 형성하도록 하는 교육방법이었다. 아무리 중요한 내용이라 하더라도 아동이 흥미가 없으면, 그 내용은 뒤로 미루거나 배제해야 한다는 입장이다. 이처럼 아동의 주도적 학습을 강조하는 진보주의는 아동이 재미있게 배우도록 하고 만족감을 높여 주는 데 기여하였다. 그러나 진보주의에 대한 가장 강력한 비판은 사회적 전통이나 문화, 전통 교과를 지나치게 소홀히 한다는 것이었다. 아이들이 배우기를 원하지 않아도 반드시 배워야 할 교과들이 존재하는데 이를 진보주의자들이 등한시한다는 것이었다. 물론 앞에서 보았듯이 듀이의 경우는 기존의 학술이나 문화, 전통의 가치를 부정한 것은 아니었다. 하지만 진보주의자들의 경우 이런 비판에서 자유롭지 못하였다. 이는 기본적으로 진보주의자들이 아동의 흥미를 특별하게 강조하는 데에서 생겨난 결과였다.

미국에서의 진보주의 운동은 사회적으로도 긍정적 결과만 가져온 것이 아니었다. 20세기 초 진보주의 교육가들은 IQ테스트를 학생들의 적성과 능력을 평가하는 중요한 척도로 받아들였다. 그리하여 이를 통해 학생들을 구분·분류하고 그에 따라 상이한 교육 목적, 방식을 활용해야 한다고 보았다. 그러나 이것이 미국 사회에서는 백인과 흑인 사이의 지능 격차, 유색인종에 대한 차별을 정당화하는 도구로 악용되기도 하였다.[2] 특히 아이큐 점수가 낮거나 학업 성취가 떨어진다는 이유로 흑인이나 유색인종 아이들에게 사실상 고등교육 기회를 박탈한 것은 커다란 과오라고 할 수 있을 것이다.

진보주의 교육가들이 강조한 직업교육 역시 비판의 대상이 되었다. 1910년대 미국 뉴욕 주에서는 진보주의 교육가 윌리엄 워트(William Wirt)의 교육방식인 게리 플랜(Gary Plan)을 도입하였다. 여기에서는 학교에서 아이들의 직업 훈련을 강조하는 내용들이 포함되었다. 이에 대해 학부모들은 "우리는 아이들이 공부하는 사람으로 크길 바라지, 가게에서 일하면서 바느질이나 배우는

---

2) Mondale, S., & Patton, S. B. (2014) 참조.

사람이 되길 원치 않는다"[3]며 반발하였다. 또한 뉴욕 시장 후보였던 존 하일런(John Hylan)은 이를 "대기업들을 위해 저렴한 노동을 생산하기 위한 음모"라고 비판하면서[4] 다음과 같이 주장하였다.

> 지금 당장 (진보주의자들은) 공립학교에서 손을 떼십시오. 우리 아이들에게는 교육위원회의 결정에 상관없이 변호사, 의사, 성직자, 음악가, 시인이 될 기회가 주어져야 합니다.[5]

또한 생활적응 교육이라는 명목으로 결국 개신교에 근거한 미국 문화(성탄절, 추수감사절, 부활절)를 학생의 문화적 배경이나 여건과 관계없이 부과한 점도 문제로 볼 수 있다.[6] 이는 아이들의 문화적 배경, 가정적 요건을 철저히 무시한 권위적 교육의 모습일 수밖에 없었다. 덧붙여 생활중심 교육 내용의 일부에 대해서는 그것이 과연 학교에서 가르칠 가치가 있는 내용인가 하는 반발을 낳았다. 당시 "심지어 학교에서 코 푸는 법과 바지 단추 잠그는 법까지 배워야 한다고 생각하지 않습니다."[7]는 비판도 있을 정도였다.

이후 진보주의는 유대인, 유색인종 학부모와 학생들의 반대와 구소련의 인공위성 스푸트니크호 발사 후 쇠퇴의 길을 걷게 되었

---

3) Mondale, S., & Patton, S. B. (2014), p. 68 참조.
4) Mondale, S., & Patton, S. B. (2014), p. 68 참조.
5) Mondale, S., & Patton, S. B. (2014), p. 68 참조.
6) "추수감사절은 우리 고향에서 알려지지 않은 휴일이었습니다. 학교에서 추수감사제는 무언가 대단한 일이었습니다. 학생들은 순교자들의 형상을 오려 학교 창문에 붙이곤 했지요. 하지만 우리 유대인의 명절을 학교에 소개할 수는 없었습니다." Mondale, S., & Patton, S. B. (2014), p. 71 참조.
7) Mondale, S., & Patton, S. B. (2014), p. 84 참조.

다. 진보주의의 명암은 교육관이나 철학이 현실에 적용될 때, 실
천가들의 성찰이 부족하면 어떤 굴절과 왜곡이 일어날 수 있는가
를 보여 주는 사례라 하겠다.

2. 본질주의

1936년에는 미국 교육 향상을 위한 본질주의 교육위원회
(ECAA)가 만들어져 진보주의의 한계에 대해 지적하기 시작하였
다. 이들을 흔히 본질주의(essentialism, 本質主義)자라 부른다. 본
질주의자들은 진보주의가 아동의 흥미와 관심, 생활에만 주의를
기울이고, 아동이 속한 공동체, 사회에 대한 관심은 부족하다는
점을 비판하였다. 그들은 기본적으로 진보주의자들과 아동을 보
는 관점이 달랐다. 진보주의자들은 아동을 독립된 인격자로 파악
한다. 따라서 아동이 원하는 것을 할 자유를 보장해야 한다고 본
다. 그런 점에서 아동이 관심 없는 내용을 가르치거나 부과하는
것은 잘못된 것이라 본다.

하지만 본질주의자들은 아동을 독립된 개인이 아니라, 사회 또
는 공동체의 구성원으로 바라본다. 아동을 그를 낳아 주고 길러
주는 사회와 공동체를 이어 갈 후손이라고 본다. 아동을 역사적·
사회적 존재로 규정하는 것이다. 아동에게 자신이 소속된 사회를
이어 가고 보존할 의무나 책임을 부여한다. 이에 의거하여 본질주
의는 다음과 같은 교육 원리를 추구한다.[8]

8) Kneller, G. F. (1990) 참조.

첫째, 학습은 본래 훈련을 수반한다. 어린 학생들이 싫어하는 경우에도 인내하고 학습하게 해야 한다. 현재의 욕구와 자유보다 중요한 것이 있다.

둘째, 교육의 주도권은 교사에게 있어야 한다. 교사는 성인의 삶의 양식, 곧 세계와 아동을 중개하는 역할을 하는 존재이다. 교사는 권위를 가지고 교육과정을 이끌고 나가야 한다. 이를 위해 교과에 대한 지식과 아동에 대한 지식 모두가 필요하다.

셋째, 교육과정은 오랜 역사를 통해 응축된 지식과 경험들을 가르치기 위한 체제다. 교육은 인류의 지혜를 담고 있는 문화유산을 엄선하여 전수하는 활동이다.

넷째, 학교는 학문적 훈련방식을 유지해야 한다. 어떤 지식은 본래 추상적 속성이 강해 현실의 사례나 문제를 통해서 가르치는 것이 불가능하다. 아동은 교과나 지식의 본질적 개념들을 배워야 하며, 이런 개념들은 전통적 교육방식을 통해 가르치는 것이 타당하다.

요약하면 본질주의자들은 학습자를 개인적 존재이기보다 인류 문화의 계승자라는 관점으로 본다. 그들은 아동을 각 문명이 발전시켜 온 문화적 성과를 전수받고 이를 발전시켜 나가야 하는 역사적 존재로 규정한다. 그런 의미에서 아동이 배우기를 원하지 않더라도, 역사적으로 그 가치가 증명된 문화적 성과를 가르쳐야 한다고 본다. 그렇기에 그들은 교사 주도의 학습을 강조한다. 교사들이 전통 문화와 학문에 능통한 전문가이기 때문이다.

3. 항존주의

본질주의와는 다른 입장에서 진보주의를 비판한 이들이 또 있다. 그들은 항존주의(Perennialism, 恒存主義)자로 불린다. 항존주의자들은 교육을 진리의 인식과 이성의 계발이라는 아리스토텔레스 이래의 전통을 계승하고 있다. 그들은 영원히 변하지 않는 객관적 실재와 진리 및 보편적 가치의 존재를 인정한다. 또한 시시각각 변하는 세상의 외면(표상)이 아닌 변하지 않는 세상의 본질(실재)에 관심을 기울여야 한다는 입장이다. 그들은 진리를 아는 것은 실제로 사용하기 위해서가(실제적 효용성 때문이) 아니라 그 자체로 중요하다고 본다. 도덕적인 면에서도 보편성을 믿고 상대주의를 비판한다. 대표적인 현대의 사상가로는 허친스(Hutchins)와 아들러(Adler) 등이 있다.

항존주의자들은 다음과 같은 가정을 한다. 세계에는 변하지 않는 보편적이며 객관적 실재(본질, substance)가 존재한다. 그리고 그것을 표현하는 것이 진리이다. 또한 인간은 이 진리를 포착할 수 있는 이성(理性)을 지니고 있다. 그러므로 인간은 진정한 세계에 대한 인식의 결과물인 진리를 이성에 의해 파악할 수 있다. 항존주의는 진리의 획득과 이성의 계발이 교육의 근본적 목적이라고 본다.

또한 항존주의가 지향하는 교육 원리는 다음과 같다.[9]

---

9) Kneller, G. F. (1990) 참조.

첫째, 인간의 본성은 어느 사회, 어느 시대나 동일하기 때문에 교육은 모든 사람에게 동일한 목표를 달성하기 위해 이루어져야 한다. 그것은 지적 본성(이성)의 발달이 핵심이다.

둘째, 학습자가 영원불변한 진리를 담은 위대한 고전을 접하고 이해하도록 교양교육에 중점을 두어야 한다.

셋째, 교육은 생활의 모방이 아닌 생활의 준비이다. 아이들이 지성의 계발을 통해 이상적 삶을 살 수 있도록 준비시켜야 한다.

넷째, 학생들은 인간의 위대한 소망과 성취를 나타내는 위대한 고전들(The Great Books)을 읽어야 한다. 고전은 인류가 오랜 세월에 걸쳐 형성한 지혜의 창고이며, 학생들은 현실보다도 여기에서 더 중요한 진리를 발견할 수 있다.

사실상 본질주의와 항존주의의 실질적 모습은 차이가 거의 없다. 교육과정에서 학문이나 교과의 가치를 긍정한다는 점도 동일하며, 교육방법 역시 근본적 차이가 없다. 둘 다 교사중심 수업, 학문중심 수업을 권장하기 때문이다.

진보주의, 본질주의, 항존주의는 미국에서 발생하고 전개된 교육 운동이었지만, 우리나라에도 영향을 미치고 있다. 특히 본질주의와 항존주의적 관점은 1970년대 우리나라의 제3차 교육과정이 기반한 교육이론이기도 하였다. 브루너의 학문중심 교육관은 결국 본질주의와 항존주의적 관점과 맞닿아 있기 때문이다.

현재에도 이 세 사조의 관점은 교육계에서 논란이 되고 있다. 필자가 보기에 이 중 진보주의가 교육의 이상임은 분명하다. 그러나 불행하게 교육현장의 상황과 논리를 결정하는 것은 교육이론만이 아니다. 여전히 한국의 학부모, 기업가, 일반인들은 진보주의보다 본질주의나 항존주의적 시각을 선호하는 것이 현실이다.

4. 포스트모더니즘과 신자유주의

한편 교육사상은 아니지만 교육현장의 모습을 변화시키는 다양한 흐름들이 나타났다. 그중 포스트모더니즘은 객관성, 합리성을 추구하는 교육이 아닌, 다양한 가치를 인정하고 소수자의 입장을 긍정하는 교육을 지지하고 있다. 또한 신자유주의는 1970년대 이후 세계 각국의 교육정책에서 효율성과 자율권을 강조하는 흐름을 만들어 내고 있다.

1) 포스트모더니즘

누구나 똑같은 관점에서 세상을 바라보고 있을까? 혹은 우리가 보는 정의(正義)는 누구에게나 같은 것일까? 아름다움에 대한 기준은 모두에게 공통된 것일까? 이런 질문에 대해 모더니즘(modernism)에서는 그렇다고 대답한다. 모더니스트들은 객관성, 합리성을 판단하는 이성이 존재하므로 이에 근거하여 깊이 따져본다면 합리적이고 객관적인 인식과 답에 이를 수 있다고 본다. 그들은 객관적이고 확실한 지식, 어느 상황에서나 올바른 도덕 규범, 객관적 미의 기준이 존재한다고 본다. 모더니즘은 보편주의, 객관주의, 절대주의적 관점을 지지한다.

그러나 이런 모더니즘은 20세기에 들어와 유럽중심주의, 권위주의, 절대주의적 관점이라는 비판에 직면하였다. 이러한 모더니즘 비판 입장을 포스트모더니즘(postmodernism)이라 부른다. 포스트모더니즘은 다시 탈(脫)모더니즘 혹은 후기(後期)모더니즘으로 세분화되기도 한다. 탈모더니즘은 모더니즘을 벗어난 것이라는 점에서 모더니즘과의 차별성을 강조한다. 반면 후기모더니즘은 모더니즘의 근본적 입장은 유지하면서 이를 보완하려는 입장을 취한다. 이 두 용어에서 보듯이 포스트모더니즘은 넓은 범위를 갖는 사상이다. 하지만 대체로 포스트모더니즘은 이런 모더니즘의 한계를 지적하면서 정서주의, 주관주의, 상대성, 불확실성, 권위의 거부를 특징으로 하고 있다.

포스트모더니즘이 모더니즘의 한계를 지적함에 따라 종종 상대주의라는 비판을 받고 있기는 하지만, 다양한 가능성과 관점을 인정하고 이전에 무시되었던 약자(여성, 흑인, 아동)들의 입장을 인정한다. 이 점에서 포스트모더니즘은 다원주의, 반권위주의적 특징을 지닌다.

한편 모더니즘은 객관적으로 타당한 진리의 기초(정초, 근거)가 존재한다고 보며, 그것을 누구나 동일하게 해석할 수 있다고 본다. 하지만 포스트모더니즘에서는 이런 객관적 진리의 근거에 대해 회의적이다.

포스트모더니즘적 문화의 예는 미국 폭스(Fox)사의 인기 드라마 시리즈 〈X-파일(X-file)〉에서 엿볼 수 있다. 이 시리즈에서는 두 주인공이 등장한다. 한 명은 의학박사 출신의 여성 요원 스컬리이며, 다른 한 명은 초자연적 현상이나 주술, 외계인의 존재를 믿는 멀더라는 남성 요원이다. 이 두 사람은 각각 모더니즘과 포스트모더니즘의 관점을 대표한다. 스컬리 요원은 매사 합리적이며 과학적으로 사건을 바라보는데, 이는 모더니즘적 태도이다. 한편 멀더는 스컬리와 달리 주술이나 미신, 외계인 등 초자연적 현상이 존재한다고 믿고 그 믿음에 입각하여 사건을 바라본다. 드라마는 대개 스컬리 요원의 과학적 해석이 타당한 것처럼 흘러가지만, 마지막 장면에서는 멀더의 의견이나 설명이 맞을 가능성을 열어 둔 채 끝난다. 포스트모더니즘은 멀더 요원처럼 모더니즘으로 설명하지 못하는 부분이 있다고 가정하거나 다른 가능성을 찾으려는 시도라고 할 수 있다.

또한 포스트모더니즘은 교육 장면에서는 소수자의 문화를 인정한다. 그리고 교육 내용의 절대성에 대해서도 유보적 태도를 취한다. 즉, 절대적으로 옳은 지식, 확실한 지식을 인정하지 않기 때문에 학습자의 주체적이고 자유로운 탐구를 보장한다. 또한 학습자 개인이 주체적으로 지식을 발견하고 만들어 내며 체계화하는 구성활동을 인정한다. 이런 점에서 포스트모더니즘은 학습자의 능동적 지식의 구성을 지지하는 구성주의의 교육관과도 연결될 수 있다.

2) 신자유주의

자유주의는 본래 개인 자유의 확대를 지지하는 이론과 정책을 의미한다. 18~19세기 자유주의에서는 절대주의 국가에 대항하여 법치주의, 인권, 사유재산권의 보호, 시장경제를 주장하였다. 한편 20세기 후반의 자유주의 사조인 신자유주의(Neo-Liberalism)는 거대 국가에 대항해 국가 개입 축소와 시장의 자유를 강조한다. 정치적으로는 1980년대 영국의 대처 수상과 미국의 레이건 대통령에 의해 신자유주의가 대두되었다.

신자유주의에는 다음과 같은 요소들이 포함된다.[10]

첫째, 시장 원리의 도입이다. 정부 규제로부터 사기업을 해방시키고, 국제 무역과 투자를 개방한다. 가격 통제를 철폐하고 노동조합 해체, 노동권 제거 등을 통해 임금을 축소한다.

둘째, 공공비용 삭감이다. 사회적 서비스를 위한 공공비용을 삭감하고 가난한 자에 대한 사회 안전망을 축소한다.

셋째, 탈규제이다. 환경보호나 직업 안정 등을 포함하여 기업의 이익을 감소시킬 가능성이 있는 모든 정부 규제를 철폐한다.

넷째, 민영화이다. 은행, 기간 산업, 철도, 고속도로, 전기, 학교, 병원, 상수도 등을 포함하여 국가 소유의 기업, 재화, 서비스를 개인 투자자에게 매각한다.

다섯째, 공공선이나 공동체와 같은 관념의 제거이다. 사회의 극빈층에게 보건, 교육, 사회보장 등의 결핍을 스스로 해결하도록 압박을 가하고 실패할 경우 개인의 게으름 탓으로 돌린다.

자유주의는 기본적으로 국가권력으로부터 개인의 자유권을 보장하는 입장으로서, 정치적 측면에서 자유로운 의사결정과 기본권의 보장을 뒷받침하는 사상이었다. 또한 경제적 측면에서는 규제 없는 자유로운 경제활동을 지지하였다. 이에 따라 정치적으로는 개인의 자유, 참정권, 법에 의한 통치가 보장되었고 경제적으

10) 나병현(2003) 참조.

로는 시장주의가 대두하였다.

이런 흐름에 따라 최근에는 국가의 역할을 축소하고, 공적 영역으로 간주되던 사업들을 민간에서 담당하도록 하는 변화가 나타나고 있다. 흔히 이를 민영화라는 말로 표현한다. 이에 따라 공사(公社)가 담당하던 일을 민간 기업에서 담당하기 시작하였다.

현재 미국에서 진행되고 있는 몇 가지 교육정책은 신자유주의적이라는 평가를 받고 있다. 그 대표적인 것에는 학교선택제가 있다. 학교선택제는 '근거리 배정'이라는 학교 배정 원칙 대신에 학부모와 학생이 다니고자 하는 학교를 선택하도록 허용하는 정책이다. 그리고 학교 선택을 지원하기 위해 개별 학교의 학업 지도 상황을 평가하고 이를 공개하였다. 또한 그에 상응하여 개별 학교에 교육 운영의 자율권을 보장하였다. 그리하여 좋은 학교와 그렇지 않은 학교가 구분되기 시작했고, 학교의 교육 성과가 낮은 경우 폐교 조치를 취하기도 하였다. 학교선택제와 관련해서는 〈표 11-3〉과 같은 지지와 반대 의견이 대립하였다.[11]

〈표 11-3〉 학교선택제 의견

- 지지자들의 의견
  - 학부모와 학생들에게 더 나은 교육기회를 제공할 수 있다.
  - 학교 간 경쟁을 유도하여 교육의 질을 개선할 수 있다.

- 반대자들의 의견
  - 공교육을 황폐화시킨다.
  - 교육 불평등을 심화시킨다.

11) 이제봉(2007) 참조.

학교선택제의 시행 이후 나타난 문제들은 다음과 같다. 첫째, 학교 선택과 관련한 정보를 획득하고 활용하는 데 저소득, 비백인, 저학력 부모가 그렇지 않은 부모에 비해 훨씬 불리하였다.

둘째, 인기가 높은 학교의 경우 능력이 떨어지는 학생들의 입학을 거절하는 사례가 발생하였고, 학교가 선호하는 능력을 가진 학생들이 입학에 유리한 경향을 보였다.

셋째, 학교 평가와 결과 공개로 인해 학생 평가 해당 과목의 시험 대비에만 몰두하여 예체능과 같은 평가에 해당하지 않는 과목은 소홀히 하는 양상을 보였다.

넷째, 학교 통학문제가 백인 중산층 학부모에게는 비백인 저소득층 부모보다 덜 중요한 요인으로 나타났다. 즉, 중산층 백인들은 원거리 통학을 충분히 감수할 수 있었던 것이다.

또한 신자유주의는 개인의 자유권을 보장하지만, 그 결과 역시 개인의 책임으로 간주한다. 신자유주의 원칙이 교육현장에 적용되면 정부가 교육 분야에 대한 투자 축소는 나타날 수밖에 없다. 교육은 개인이 스스로 담당해야 할 과업으로 규정되므로 공교육이나 의무무상교육은 축소될 수밖에 없다. 이에 따라 사교육을 받을 수 있는 경제적 여건이 되는 이들은 보다 유리한 교육 기회를 확보하겠지만, 그렇지 못한 이들은 교육의 기회가 축소된다.

최근 신자유주의적 교육정책이라고 평가받는 국내의 정책으로는 국립대학 법인화 정책이 있다. 국립대학 법인화는 국립대학을 사립대학과 같은 독립된 학교로 분리하여 독자적으로 수익을 내어 운영하도록 하는 정책이다. 이에 따라 국가는 국립대학에 대한 교육비 지원을 점점 줄여 가고 최종적으로 등록금과 학교의 수익으로 운영되도록 유도한다. 이런 신자유주의적 교육제도는 교육의 공공성을 훼손할 우려가 있다는 비판을 받고 있다.

 ## 참고문헌

나병현(2003). 교육개혁의 신자유주의적 성격: 오해와 이해. 아시아교육연구, 4(2). 아시아태평양교육발전연구단.

이돈희(1992). 교육정의론. 서울: 고려원.

이제봉(2007). 신자유주의 교육개혁과 학교선택제: 미국의 학교선택제 실시과정에서 나타난 이데올로기 갈등과 시사점. 교육행정학연구, 25(1). 한국교육행정학회.

Kneller, G. F. (1987). 교육철학이란 무엇인가(정희숙 역). 서울: 서광사. (원저는 1971년에 출판).

제12장

현대의 교육운동가들
그리고 교사

스승과 제자 사이에는 마땅히 예의를 앞세워 스승은 엄하고 제자는 공경하여 각자 그 도리를 다해야 한다. 엄하다는 것은 사납게 구는 것이 아니고 공경한다는 것은 굴욕을 받는 것이 아니다. 모두 예(禮)를 위주로 하는 것이다.

– 이황, 『퇴계선생문집』, 「유사학사생문(諭四學師生文)」 –

지금까지 우리공동체의 교육에 영향을 준 제도나 사상, 교육방식 등을 논의하였다. 이 장에서는 아직 우리공동체가 해결하지 못한 교육 내의 문제와 부조리를 해결할 수 있는 대안을 제시하고 있는 인물의 교육관을 개관한다. 이어 교사의 역할에 대한 동양적 관점을 서술한다.

1. 프레이리

프레이리(Freire, 1921~1997)는 교육이 가진 해방의 역할에 주목한 교육자이다. 그는 『페다고지(Pedagogy): 억눌린 자를 위한 교육』(1968)이라는 교육서를 저술하기도 하였다. 그는 1921년 브라질에서 태어나 1960년대 중반까지 브라질에서 농민들을 대상으로 문해교육(읽고 쓰기 교육과 의식을 깨우는 교육)을 실시하였다. 또한 그는 브라질의 농민들이 교육을 통해 읽고 쓰는 능력을 갖게 됨은 물론 자신들을 둘러싼 부조리를 깨닫게 하려 하였다. 그에게 교육은 현실의 부조리를 개혁하는 출발점, 곧 저항의 시작점이었다. 1964년 브라질에 군사정권이 들어서자 그는 탄압을 피해 칠레로 망명하였다. 이후 귀국하여 교육 운동을 계속하였고 1993년에는 노벨평화상 후보에 까지 올랐다.

프레이리는 『페다고지』에서 의식화(意識化) 교육을 제창하였다. 그가 말한 의식화란 억압받는 자들이 자신들이 억압적 현실에 길들여져 있다는 것을 발견하고 각성하는 과정을 의미한다. 그는 농민들을 대상으로 문해교육을 실시하면서 농민들이 단지 글만 배우는 것이 아니라 자신들이 처한 상황과 부조리를 자각하고 이를 변화시키려는 실천 행위로 나아가도록 하였다. 그는 제도권 교육에 대해 은행저금식 교육(banking education)이라 하여 강력하게 비판하였다. 간단히 말해 그가 비판한 은행저금식 교육은 돈을 은행에 저금하듯이 지식을 머리에 집어 넣으려는 교육이다. 그는 은행저금식 교육의 특징을 〈표 12-1〉과 같이 지적한다.

〈표 12-1〉 은행저금식 교육의 특징

- 교사는 가르치고, 학생들은 그 가르침을 받는다.
- 교사는 모든 것을 알고, 학생들은 아무것도 모른다.
- 교사는 생각하고, 학생들은 생각의 대상이 된다.
- 교사는 말하고, 학생들은 말없이 듣는다.
- 교사는 훈련시키고, 학생들은 훈련받는다.
- 교사는 행동하고, 학생들은 교사의 행동을 통해서 행동한다는 환상을 갖는다.
- 교사는 자신의 선택을 강요하고, 학생들은 그것에 동의한다.
- 교사는 학습과정의 주체이고, 학생들은 단순히 객체일 뿐이다.

은행저금식 교육은 교육받는 이들을 침묵하거나 복종하는 사람으로 만드는 억압 장치라는 것이 그의 주장이었다.

프레이리는 은행저금식 교육을 대신하여 문제제기식 교육(problem posing education)을 제안하였다. 이것은 현실에 대한 모순, 권력에 의한 지식의 통제에 대해 학습자들이 문제의식을 갖도록 하는 교육을 의미한다. 문제제기식 교육은 은행저금식 교육과 달리 학생의 능동적 역할을 강조하며, 교사-학생의 대화와 협력을 통한 공동의 학습이다. 그것은 교사의 일방적 의사 전달인 성명(communique)이 아니라 교류인 커뮤니케이션(communication)을 강조하는 교육이었다.

프레이리의 교육관이 사실상 새로운 것은 아니다. 그것은 과거부터 교육에서 주입이나 주형이 아닌 학습자의 성장에 초점을 두고, 성장에서 학습자의 주도권을 인정하려는 입장의 또 다른 해석이라고 평가할 수 있다.

프레이리의 교육론은 제3세계 국가들에서의 문해교육과 실천가들에게 커다란 영향을 미쳤다. 특히 우리나라에서는 1980년 후반에 의식화 교육이란 이름으로 소개되기 시작하였다. 당시 우리나라의 정치적 상황으로 인해 부정적 평가가 적지 않았지만, 점차 그의 관점이 갖는 보편성에 대한 공감이 형성되어 오고 있다. 또한 그는 평생교육 분야에서 성인 대상의 문해교육에 대한 관심을 높이는 데에도 적지 않은 기여를 하였다.

2. 니일

아이들은 학교에서 자유롭게 행동할 권리가 있고 행복해야 한다. 많은 아동중심주의자가 주장한 이런 철학을 실제로 실천하는 학교가 있다. 그 학교는 니일(Neil, 1883~1973)이 설립한 서머힐(Summerhill)이다. 서머힐은 1921년 설립되었으며 영국 서포크 지역에 위치하고 있다. 학생들은 5세부터 15세까지로 연령층이 다양하며, 전교생이 50명 내외로 운영되어 왔다.

니일은 서머힐의 가장 기본적 철학으로 "학교를 아이들에게 맞추어야 하지, 아이들을 학교에 맞추어서는 안 된다"[1]는 것을 제시하였다. 그는 서머힐을 아이들이 자기 자신이 될 수 있는 학교라고 표현하였다. 이런 원칙은 그가 아이들 스스로에게 맡겨 두고 어른들의 영향을 받지 않으면 아이는 자기의 능력에 맞추어 성장한다는 믿음을 가지고 있었기 때문이었다. 그는 전철기사가 되고 싶은 아이는 전철기사가 될 수 있는 곳이 서머힐이라고 말한다. 하지만 그 학교 출신으로 전철기사가 된 사람은 없었다. 니일의 요지는 "학교가 신경과민인 한 명의 학자를 배출하기보다, 차라리 행복한 거리청소부를 배출하는 것이 더 낫다"[2]는 것이었다. 그는 철저하게 아이들의 행복과 자아실현을 서머힐의 교육목표로 삼은 것이다.

서머힐에서는 수업에 참가하느냐 않느냐를 학생 마음대로 정할 수 있다. 원한다면 1년 내내 수업을 받지 않아도 된다. 시간표가 있지만, 그것은 교사를 위해서 만든 것일 뿐이다. 여기에서는 사실상 학생과 교사의 구분도 없고 특별한 교수법도 없다. 학생들은 교사 및 또래 친구들과 자유롭게 어울리고 자신이 원하는 활동을 하면서 성장한다.

그러나 서머힐이 방종의 공간인 것은 아니다. 서머힐의 아이들은 자신들의 공동체가 제정한 규칙과 일반적 도덕 규칙을 지켜야 한다는 것을 생활 속에서 배우기 때문이다. 이를 보여 주는 것이 서머힐 학교 규칙의 생성 절차이다. 서머힐에는 수많은 규칙이 존

---

1) Neil, A. S. (1987) 참조.
2) Neil, A. S. (1987) 참조.

재한다. 예를 들면, 누가 먼저 정원의 그네를 탈 것인지, 빨래는
언제 내놓는지 등 시시콜콜한 것들이다. 그런데 이런 규칙들은 교
사나 교장이 정하는 것이 아니다. 이런 규칙들은 모든 학생과 교
사, 교장이 모이는 전체 회의에서 토론하고 나서 투표에 의해 결
정한다. 이때 교장이나 교사 역시 일곱 살 아이와 똑같이 1표만
행사할 수 있다. 심지어 학생에 대한 처벌 역시 이런 전체 모임에
서 결정한다.

〈표 12-2〉 서머힐의 교육 이상[3]

- 아이들이 자기다울 수 있는 자유를 가진 곳
- 성공의 기준이 공부를 잘하는 것이 아니라, 아이들 스스로 결정하는 곳
- 학교의 모든 일들이 민주적으로 결정되며, 각 개인은 동일하게 경청 받
  을 권리를 가진 곳
- 당신이 원한다면 하루 종일 놀 수 있는 곳
- 그리고 앉아서 꿈꿀 수 있는 시간과 장소가 있다
- 그런 학교가 있을 수 있을까?

서머힐은 공부하기 싫은 아이를 억지로 수업에 출석하게 하지
않는 등, 일반학교와 매우 다른 운영방식 때문에 창립 초기부터
많은 비판에 부딪혔다. 하지만 현재까지도 충실하게 운영되고 있
고, 보다 좋은 교육을 지향하는 교육자들에게 영감을 주고 있다.
특히 서머힐은 1990년대 이래 우리나라에서 아이들의 행복을 중
시하는 일부 대안학교가 만들어지는 데에도 영향을 미쳤다.

---

3) 서머힐 홈페이지(http://www.summerhillschool.co.uk)

3. 조선시대의 교사관

역사적으로 교사를 가리키는 수많은 호칭이 존재해 왔다. 이 호칭들은 교사에 대한 인식을 보여 주는 것이면서 동시에 교육의 실상까지 함축하고 있다. 다음은 현재까지도 그 자취가 남아 있는 교사에 대한 호칭들을 정리해 본 것이다.

첫째, 교원(敎員)은 현재 널리 쓰이는 교사에 대한 호칭으로, 직업인으로서 분류하여 지칭할 때 흔히 사용하는 것이다. 예를 들면, 각종 통계에서 교사들을 제시할 때 교원이라 표기한다. 그러나 학교 내에서 쓰이는 경우는 보기 힘들다. 예를 들어, 학생이 담임교사를 김○○ 교원님이라고 부르는 경우는 어색하다.

둘째, 스승은 교사에 대한 호칭 중 존경의 의미가 담긴 것이다. 보통 교사가 학생들에게 요구하기보다 학생이나 학습자가 자발적으로 사용하는 호칭이다. 모든 교사가 이 말을 듣는 것은 아니며, 모든 학생이 스승을 가지고 있는 것도 아니다. 또한 어떤 경우 직업이 교원이 아님에도 스승이라고 부르는 경우도 있다.

셋째, 한자어로 선생(先生)은 먼저 태어난 사람을 의미한다. 자기보다 먼저 태어난 사람은 경험이나 학식이 많으므로 따라 배워야 한다는 입장 때문에 교사를 지칭하는 표현으로 사용되었다. 반드시 직업적 교사가 아니어도 사용되는 경우가 있다. 이 표현은 중국이나 일본에서도 사용된다.

넷째, 멘토(mentor)는 고대 그리스의 서사시 「일리아드(Illiad)」에 등장하는 인물로서, 오딧세이가 트로이전쟁에 참전하면서 자신의 아들 텔레마커스의 양육을 부탁한 인물이다. 멘토는 텔레마커스가 훌륭한 성인이 될 수 있도록 가르치며 후원한 인물인 셈이다. 멘토의 지도를 받는 이는 멘티(mentee)라 부른다.

동양 문헌에서 등장하는 스승 중 국가에서 고용한 최초의 교사는 아마도 태공망(太公望)일 것이다. 그는 기원전 10세기경에 주나라 문왕(文王)의 스승으로 선택되었다. 주 문왕은 우연히 사냥을 나갔다가 위수(渭水)에서 그를 만났다. 당시 그의 나이는 80세였다고 한다. 그는 문왕과 무왕을 도와 은나라를 정벌하는 데 큰 공을 세웠다. 주나라가 중원을 통일한 후에는 제나라 제후에 봉해졌다. 흔히 강태공이라고도 부른다. 강태공은 임금을 지도한 스승의 역할을 수행하였다.

전 세계 대부분의 나라에서 교사나 스승에 대한 존경은 보편적 관습이었다. 이런 경향은 우리 문화권에서도 찾아볼 수 있다. 종종 조선시대 이전 우리 문화권에서 스승에 대한 존경심을 강조하면서 군사부일체라는 표현을 들을 수 있다. 이 말의 뜻은 임금과 스승과 부모는 같다는 것이다. 이에 대한 일반적 해석은 스승을 존중하기를 부모나 임금에게 하는 것처럼 극진하고 공손하게 해야 한다는 것이다. 군사부일체는 현재 한국 상황과 달리 과거에는 스승을 매우 존경하고 예우했다는 점을 부각시킬 때에도 흔히 언급된다. 조선시대의 교사와 학생의 관계는 수직적 상하관계이며, 교사는 무조건적인 존경의 대상이었다는 식으로 서술한다. 그러나 이는 조선시대의 교사와 학생의 관계를 지나치게 일면적으로만 파악하고 있는 입장이다.

조선시대의 대표적 성리학자인 율곡 이이(李珥, 1537~1584)의 경우, 바람직한 사제관계를 다음과 같이 언급한 바 있다.

• 사사(事師)

배우는 자가 성심으로 도에 지향한다면 모름지기 먼저 스승 섬기는 도리를 높여야 한다. …(중략)… 만일 말씀과 행하는 일에 의심나는 점이 있을 때는 모름지기 조용히 질문하여 그 득실을 분별할 것이요, 자기의 사견(私見)으로서 바르게 여겨 마구 스승을 비난해서는 안 된다. 또한 옳은 도리를 생각하지 아니하고 스승의 말만을 믿어서도 옳지 못할 것이다. 봉양에 대해서는 힘에 따라 성의를 극진히 하여 제자의 직분을 다해야 한다.[4]

여기서 율곡은 제자의 잘못된 태도로 두 가지를 언급한다. 하나는 스승의 가르침을 무시하고 자신의 판단으로 스승을 비난하는 것이다. 스승을 비난하지 말라는 것은 스승의 말을 항상 옳은 것으로 여기라는 의미가 아니다. 대신 스승의 가르침에 의심나는 것이 있으면 질문하라는 것이 율곡의 당부이다. 다른 하나는 스승의 말을 맹목적으로 옳게 여기고 자신의 견해를 갖지 않는 것이다. 율곡은 스승의 가르침에 대해 반드시 옳고 그름을 의리에 비추어 스스로 판단해 볼 것을 당부한다.

한편 율곡이 사망한 후, 율곡 학파 내에 사제 윤리를 둘러싼 커다란 논란이 진행되었다. 율곡의 재전제자(再傳弟子)에 해당하는 우암 송시열(尤庵 宋時烈, 1607~1689)과 그의 제자 윤증(尹拯, 1629~

---

4) 『율곡전서』, 「학교모범」.

1714)의 갈등이 사제관계에 대한 논란을 불러일으켰던 것이다. 당시 송시열의 제자였던 윤증은 스승 송시열을 배신했다는 지목을 받았다. 사건의 경과는 다음과 같다.

윤증의 아버지인 윤선거(尹宣擧, 1610~1669)는 본래 윤휴(尹鑴, 1617~1680)와 송시열의 관계를 회복하고자 노력하였다. 하지만 윤선거가 사망한 후에 송시열에게는 결국 윤휴와 별다를 게 없는 인물로 간주되었고, 윤휴에게는 송시열에게 휘둘리는 사람으로 조롱을 받았다.[5] 윤선거가 사망한 후, 점차 윤증과 송시열의 관계 역시 악화되었다. 윤증

그림 12-1　송시열

이 추진하던 윤선거에 대한 추모사업에 송시열은 자신이 윤선거의 친구였음에도 적극적으로 나서지 않았던 것이다. 특히 윤증이 윤선거의 묘비명 작성을 송시열에게 부탁하였는데, 송시열이 자신이 직접 윤선거에 대해 쓰는 대신 박세채(朴世采, 1631~1695)가 쓴 윤선거의 행장 내용을 대부분 인용하는 방식으로 집

그림 12-2　윤증

5) 『명재유고』, 「연보」.

필하였다. 이후 윤증이 여러 차례 수정을 요청했지만 이를 적극적
으로 반영하지 않았다고 전한다.

이후 정치적 사안에 대한 입장차도 커지면서, 1681년 윤증은 송
시열의 정치적 행보를 비판하는 편지를 보낼 마음을 먹었다. 이를
작성한 후 당시 벗이었던 박세채에게 미리 보였는데, 박세채는 편
지를 보내는 것을 만류하였다. 하지만 편지의 내용이 간접적으로
송시열에게 알려지면서 송시열은 윤증이 자신을 배신했다고 단정
하였다. 이처럼 초기의 논란은 개인적 사건들이었다.

그러나 숙종이 이에 개입하면서 이것이 하나의 공적 논의의 장
으로 옮겨 가게 되었다. 숙종이 윤증을 산림으로 예우하고 등용
하려 하자, 송시열의 문인들이 반대상소를 올렸던 것이다. 송시열
측은 윤증이 스승을 배반했다고 공격하였고, 윤증 측은 송시열이
윤증의 아버지인 윤선거를 고의로 음해하였다고 주장하였다. 이
사건은 개인 간의 갈등에 그치지 않고 공식적 논란의 대상이 되기
에 이르렀다. 숙종 10년(1684년)에는 송시열 측 문인 최신(崔愼)이
윤증을 비판하는 상소를 올렸는데, 숙종이 부사(父師)간에 경중
(輕重)이 있어 부(父)가 사(師)보다 중요하다는 비답을 내려 일단
윤증 측의 입장이 유리하였다. 이후 송시열을 지지하는 측에서는
전통적 사제관계 윤리인 군사부일체(君師父一體)를 주장하였고,
윤증 측에서는 스승이 도덕적 자질을 갖추어야 한다는 점과 스승
에게 제자가 비공개적으로 질문이나 토론을 제기할 수 있는 공의
(公議)의 원리를 제시하며 대립하였다.

송시열 측이 주장한 군사부일체론은 『국어(國語)』라는 문헌에
등장한다. 거기에는 다음과 같은 표현이 있다.

난공자(欒共子)가 말하였다. 백성은 세 가지 근본에서 생겨나
니, 그 근본을 섬기기를 한결같이 해야 한다. 부모는 그를 낳아
주고, 스승은 그를 가르치며, 임금은 그를 먹여 살린다. 부모가
아니면 태어날 수 없고, 먹지 않으면 자랄 수 없고, 가르침이 없
으면 지혜가 없으니 셋은 동류이다. 그러므로 한 가지로 그들을
섬기되, 자신이 살아 있다면 죽음까지도 바치는 것이다. 죽음으
로써 낳아 준 것에 보답하며, 힘으로써 주신 것에 보답하는 것이
인간의 도리인 것이다.

한편 윤증 측에서는 스승에게 질문하고 이의를 제시할 수 있다
는 공의의 원칙을 강조하였다.

공의는 '언로(言路)'의 사상, '간쟁(諫諍)'의 정신과 함께 조선조
통치체제를 지탱하는 하나의 제도로서 매우 큰 의미가 있었다.[6]
조광조는 "공의가 무엇인가를 알지 못하고 사대부가 서로 모여서
말하는 것은 모두 자기 몸을 위하는 꾀일 뿐"[7]이라 지적하고 '공정
한 논의'와 '사사로운 논의'를 구별하는데, 여기서 알 수 있듯이 공
의는 일반적으로 사감(私感)과 반대되는 개념으로 이해되었다.

요약하면, 공의는 상급자의 잘못을 지적하거나 상급자에게 자
신의 의견을 제시할 수 있다는 원리이다. 물론 상급자의 유형에
따라 상급자의 잘못을 지적하거나 비판하는 방법은 다음과 같은
차이가 있다. 첫 번째로 임금의 잘못을 공개적으로 지적하는 것이
공의이다. 임금이 싫어하더라도 그렇게 함으로써 큰 잘못을 바로

6) 최긍호(1986) 참조.
7) 『정암집(靜庵集)』, 「경차진계(經筵陳啓)」.

잡을 수 있다고 본다. 만약 임금이 받아들이지 않으면, 신하는 벼
슬을 내놓고 떠날 수 있다. 두 번째로 부모의 잘못은 은밀하게 지
적해야 한다. 그러나 부모가 잘못을 고치지 않는다고 해서 자식이
부모와 단교할 수는 없다. 세 번째로 스승의 잘못은 부모에게 그
런 것처럼 은밀하게 지적해야 한다. 만일 스승의 잘못이 큰데 고
치지 않으면 제자가 스승과 단교하는 것은 정당하다고 본다.

이런 공의의 원리는 『예기』에도 서술되어 있다.

　　류(柳)씨가 말하기를 …(중략)… 스승이란 자는 도(道)가 있
　　는 곳이다. 스승의 잘못은 절대로 드러내어 비판하는 것이 아니
　　니 절대로 범(犯)해서는 안 되는 것이다. (그러나) 허물이 있으면
　　마땅히 물어야 하고 반드시 숨겨 주는 것은 아니다. 은(隱)은 악
　　(惡)을 감춰 주는 것이 아니다.[8]

『예기』에서는 제자가 스승의 잘못에 대해 이의를 제기하는 질
문권을 인정하고 있는데 이는 무은(無隱)이라는 원리로 제시된다.

실제로 스승에 대해 이의를 제기하는 태도는 비단 중국의 일부
유학자들만의 논리가 아니었다. 이이 역시 「학교모범」 중 사사에
서 스승의 말과 행동에 대해서 의심나는 부분이 있으면 반드시 질
문할 것을 권장한 바 있다.

군사부일체가 스승에 대한 존중을 강조하는 원리라면, 공의는
제자가 질문과 자기 스스로의 의견을 가질 것을 강조하는 원리다.

8) 『예기(禮記)』, 「단궁편」.

이 두 관점은 서로 이질성을 가지고 있다. 하지만 서로 모순적인 것은 아니다. 스승을 존중한다고 해서 옳고 그름이나 적합성이나 부적합을 따지지 않는 맹목적인 존중은 합리적이지 않기 때문이다. 공의의 논리는 스승에 대한 이런 맹목적 추숭을 경계하면서, 스승과 제자 간의 상호 보완의 관계에 더 초점을 두고 있다.

유가에서 이런 스승과 제자 간의 상호 보완의 관계를 보여 주는 표현으로 여택지공이라는 말이 있다. 여택지공(麗澤之功)에서 두 개의 연못이 서로 물을 공유하여 마르지 않게 하듯이, 스승과 제자 혹은 친구 사이의 관계가 서로 성장에 도움을 주는 관계라는 의미이다. 사실 유가에서는 스승과 제자 사이의 엄격한 질적 차이는 없다. 스승은 약간 일찍 도를 아는 선생이며, 제자는 이보다 조금 늦은 후학인 셈이다. 즉, 스승과 제자는 함께 상대방의 성장을 돕는 존재인 셈이다.

4. 교사의 역할

유가에서는 스승의 책무에 대한 다음과 같은 입장이 존재하였다. 그것은 스승의 역할이 단지 자신의 전문 지식을 가르치는 것에 국한되지 않는다는 것이다. 이는 맹자와 그의 제자들 사이의 토론에 제시되어 있다.

맹자(孟子)는 어느 날 제자들을 모아 놓고 '방몽(逢蒙)'이라는 인물의 이야기를 꺼낸다. 맹자는 방몽이 스승 '예(羿)'를 죽인 일화를 소개한다. 그 내용은 다음과 같다.

옛적에 방몽이 예에게서 활쏘기를 배웠다. 그는 예의 활쏘기 방법을 다 알아내고 나서는 천하에서 예만이 자기보다 활쏘기 실력이 뛰어나다고 생각했다. 그러고는 천하제일이 되기 위해 스승 예를 죽였다.

이야기를 마친 후 맹자는 스승을 죽인 못된 방몽에게 분개하는 제자들에게 이런 질문을 한다. "이렇게 된 데에는 예에게도 잘못이 있지 않을까?" 그러자 제자 공명의(公明儀)가 반론을 제기하였다. "그에게는 죄가 없는 것 같은데요?" 이에 맹자는 "경미하다고 말할 수는 있겠지만, 어찌 죄가 없겠는가?"라고 말한다. 그리고 예의 잘못을 보여 주기 위해 또 다른 이야기를 소개한다. 그 내용 역시 활쏘기와 관련된 장수들의 일화였다.

그림 12-3   김홍도의 〈활쏘기〉

정나라 사람들이 자탁유자를 시켜서 위나라를 침범하니, 위나라는 유공지사를 시켜서 그를 추격하게 하였다.

자탁유자가 말하기를 "오늘 나는 병이 나서 활을 잡지 못하겠으니, 나는 죽었도다." 그리고 그의 마부에게 물었다. "나를 추격하는 자는 누구냐?" 마부는 이에 "유공지사입니다"라고 대답하였다. 그러자 자탁유자는 "나는 살았도다"라고 말하였다. 이에 마부가 질문하였다. "유공지사는 위나라의 활을 잘 쏘는 사람인데, 장군께서 '나는 살았다'고 하시는 것은 무슨 이유입니까?" 자탁유자가 답하기를 "유공지사는 활쏘기를 윤공지타에게 배웠고, 윤공지타는 활쏘기를 나에게서 배웠다. 윤공지타는 단정한 사람이다. 그가 얻은 친구도 반드시 단정할 것이다."

잠시 후 적장 유공지사가 추격해 왔다. 그는 자탁유자에게 "선생님(夫子)께서는 왜 활을 잡지 않으십니까?" 이에 자탁유자가 "오늘 나는 병이 나서 활을 잡지 못하오." 이 말을 들은 유공지사는 "소인은 활쏘기를 윤공지타에게 배웠고, 윤공지타는 활쏘기를 선생님께 배웠습니다. 저는 차마 선생님의 활 쏘는 방법으로 도리어 선생님을 해치지는 못하겠습니다. 비록 그러하나, 오늘의 일은 임금의 일입니다. 제가 감히 그만두지 못합니다."라고 말하였다. 그렇게 하고 나서 화살을 뽑아서 마차에 두드려, 쇠로 만든 촉을 빼 버리고, 네 발의 화살을 쏜 후에 돌아갔다.[9]

이 이야기에서 맹자가 하려고 했던 교사의 책무는 무엇일까?

---

9) 『맹자(孟子)』, 「이루(離婁) 하편」.

안타깝게도 맹자의 설명은 여기에서 끝난다. 맹자가 보기에 아마도 이 정도 설명을 했으면, 제자들이 충분히 이해했을 것이라 생각한듯하다. 그런데 도대체 맹자가 예의 잘못으로 생각한 것은 무엇일까? 이것은 독자의 판단에 맡기지만, 한 가지는 분명하다. 그것은 스승의 역할이 자신이 가지고 있는 기술이나 지식을 가르치는 것에 끝나지 않는다는 것이다.

이런 스승의 역할 혹은 책무에 대한 생각은 비단 고대 중국에서만 통용되는 것일까? 필자는 그렇게 생각하지 않는다. 현재 우리 사회에서도 여전히 교사에 대한 기대는 기술이나 지식을 가르치는 것에 한정되지 않는다. 오래된 설문조사이지만, 1981년 한국교육개발원에서는 이상적 교사에 대한 설문을 진행한 적이 있다. 그 설문의 내용은 가장 바람직한 학교 선생님의 모습을 고르는 것이었다. 설문 대상은 교사, 학부모, 학생이었다. 설문 문항은 다음과 같다.[10]

① 담당 과목의 실력이 뛰어난 선생님
② 누가 무엇이라고 해도 교육자로서 꿋꿋하게 신념을 갖고
　생활하는 선생님
③ 예절, 질서 지도 등을 매우 중요시하는 엄격한 선생님
④ 요령 있게 잘 가르쳐 주는 선생님
⑤ 학생을 깊은 관심과 사랑으로 대해주는 선생님
⑥ 인생을 살아가는 자세를 가르쳐 주는 선생님

---

10) 이종재, 정영애, 이인호, 이영노(1981), p. 106 참조.

이에 대한 응답 중 전체적으로 가장 높은 선호를 보인 것은 ⑤번이었다. 특히 교사와 학생의 경우는 ⑤번이 가장 높았다. 학부모의 경우는 ②번이 가장 높았고, ⑤번이 근소한 차로 2위였다.[11]

이는 물론 다른 조건들이 동일하다는 전제하에 이루어진 것이겠지만, 교사에 대한 기대가 어디에 있는지 보여 주는 결과라 하겠다. 과연 30년이 지난 지금은 이것이 달라졌을까? 필자가 수업 중에 설문해 본 바에 따르면 그렇지 않다. 그 결과는 30년 전의 그것과 대체로 비슷하다. 아마도 교사의 본질적 역할에 대한 생각은 지금도 변하지 않은 듯하다.

이제까지 한국교육이 오늘날의 모습을 갖추기까지 영향을 준 전통과 정책, 문화, 사례들에 대해 탐색하였다. 필자는 이 책이 독자들이 교육의 역사를 탐구하는 시작점이 되기를 기대한다. 왜냐하면, 우리 교육의 과거에는 여전히 탐색하고 재발견해야 할 가치 있는 것들이 많이 남아있기 때문이다. 교육에 대한 역사적 탐구를 통해 부수적으로 현재 한국 교육이 가진 한계를 정확히 파악할 수 있는 안목도 형성할 수 있을 것이다.

---

11) 이종재, 정영애, 이인호, 이영노(1981), p. 107 참조.

참고문헌

맹자.
명재유고.
예기.
율곡전서.
정암집.
퇴계선생문집.

권택영(1994). 포스트모더니즘이란 무엇인가: 자연주의에서 미니멀리즘까지.
　　　서울: 민음사.
김대식(2003). 숙종조 배사논쟁에 나타난 사림의 사제관계 인식. 교육사
　　　학연구, 13. 교육사학회.
김욱동(2008). 포스트모더니즘. 서울: 연세대학교 출판부.
이종재, 정영애, 이인호, 이영노(1981). 한국인의 교육관: 유형적 특성과 갈
　　　등. 서울: 한국교육개발원.
최정호(1986). 조선조 공론권의 구조변동에 관한 시론. 사학과학논집, 17.
　　　연세대학교사회과학연구소.

Freire, P. (2002). 페다고지(남경태 역). 서울: 그린비.
Neil, A. S. (1977). 섬머힐 1(강성위 역). 서울: 배영사.

서머힐 홈페이지(http://www.summerhillschool.co.uk).

찾아보기

[인 명]

[내 용]

| 저자 소개 |

김대식(Kim, Dae Sik)

광주광역시에서 1989년 조선대학교 부속고등학교를 졸업했다. 서울대학교 교육학과를 졸업했고 동 대학에서 화서 이항로의 문인(門人) 교육 관련 논문으로 박사학위를 취득했다. 2009년부터 2014년까지 조선대학교 교육학과에서 근무했다. 현재는 경인교육대학교 교육학과에 재직 중이다. 주 연구 주제는 교육사 영역으로 특히 공동체나 인적 관계에 기초한 교육 형태와 양상이다. 연구 방법으로는 서사(narrative)적 연구 방법을 선호한다. 최근에는 연구 대상 시기를 조선후기에서 점차 일제강점기와 현대로 연장하고 있고, 연구 영역도 교사와 학생의 삶과 활동에 대한 문화적 접근으로 확대하고 있다.

e-mail: kds0089@gmail.com

한국 교육의 역사적 전개
The historical development of education in Korea

2017년 1월 5일 1판 1쇄 인쇄
2017년 1월 10일 1판 1쇄 발행

지은이 • 김대식
펴낸이 • 김진환
펴낸곳 • ㈜ **학지사**

04031 서울특별시 마포구 양화로 15길 20 마인드월드빌딩
대표전화 • 02)330-5114   팩스 • 02)324-2345
등록번호 • 제313-2006-000265호

홈페이지 • http://www.hakjisa.co.kr
페이스북 • https://www.facebook.com/hakjisabook

ISBN 978-89-997-1141-1 93370

정가 15,000원

이 도서의 국립중앙도서관 출판시도서목록(CIP)은 서지정보유통지
원시스템 홈페이지(http://seoji.nl.go.kr)와 국가자료공동목록시스템
(http://www.nl.go.kr/kolisnet)에서 이용하실 수 있습니다.
(CIP 제어번호: CIP2017005776)

교육문화출판미디어그룹 **학지사**

심리검사연구소 **인싸이트** www.inpsyt.co.kr
원격교육연수원 **카운피아** www.counpia.com
학술논문서비스 **뉴논문** www.newnonmun.com